O SEGREDO DA
PASTA
DE AMENDOIM

ELA ARAÚJO

O SEGREDO DA
PASTA
DE AMENDOIM

Cure sua criança interior
e restaure relacionamentos

© 2023 Ela Araújo
Editora Infinite
Barueri – SP – Brasil
falecom@editorainfinite.com.br
www.editorainfinite.com.br

1ª edição – Novembro de 2023

A reprodução parcial ou total desta obra, por qualquer meio, somente será permitida com a autorização por escrito da editora. (Lei nº 9.610, de 19/02/1998)

ISBN: 9798868195129

Publisher   Elisangela Freitas

Editores   Wilma Kelly Gomes

Extração do conteúdo   Ivana Mazetti e Rosane Chagas Bonelli

Preparação   Antonio Marques Filho e Rosane Chagas Bonelli

Revisão   Adriana Antunes, Glória Dutra, Ronald Bonelli e Rubens Marques

Capa   Rosane Chagas Bonelli

Diagramação   Antonio Marques Filho e Rosane Chagas Bonelli

Arte-final   Rosane Chagas Bonelli

Dados Internacionais de Catalogação na Publicação (CIP)

dedicatória

A você, caro(a) leitor(a), desejo que os sabores, aromas e texturas desta obra despertem memórias adormecidas e o(a) conectem com sua criança interior.

Que você possa voltar a acreditar no doce sabor da felicidade, mesmo quando a vida lhe servir apenas pratos amargos.

E mesmo tropeçando, nunca perca o gosto pelo recomeço, lembrando que a alma, temperada com paixão e resiliência, sempre encontra seu caminho.

agradecimentos

Ao meu melhor amigo e irmão Enio, por estar ao meu lado incondicionalmente.

Ao meu pai (*in memoriam*) e à minha mãe que me deram a vida. Especialmente a minha mãe que nunca me deixou desistir de lutar.

Ao Mark, meu amor, que desde que esteve ao meu lado me fez sentir "pertencer".

Aos meus filhos, Tristan, Mia e SJ, que eu não tenha errado tanto com vocês como errei comigo mesma. Agradeço a paciência com a minha criança interior.

Com imenso carinho, expresso minha gratidão à Dona Maria Helena, ao Erasmo, à Catia, à Juliana e ao meu irmão Cassiano.

À minha primeira terapeuta, Fabrízia, que esteve, ao longo dos anos, comprometida a ouvir-me todos os dias, proporcionando-me valiosas perspectivas e apoio.

À Sandra, com sua presença constante e sabedoria; acompanhou-me nas idas e vindas da nossa jornada de autoconhecimento, sendo um pilar inabalável.

Agradeço a todos que, de certa maneira, passaram pela minha vida. Alguns vieram para algumas páginas, outros, para alguns capítulos e, poucos, para o livro inteiro.

prefácio

Prezado(a) leitor(a),

Convido você a conhecer o universo vibrante da história de Lane, uma mulher cujo percurso transcende uma mera narrativa de superação.

Aqui, a simbologia do amendoim se transforma em um portal para uma saga íntima e significativa, marcada por sua busca para reencontrar e fazer as pazes com sua criança interior.

Na sua jornada, Lane se embrenhou nas profundezas de seu ser, encarou as memórias mais dolorosas e desvelou o enigma de sua essência. Entre lágrimas que molhavam as páginas e palavras engasgadas, ela emergiu, dia após dia, triunfante.

Com muita coragem e sensibilidade Lane trilhou um caminho de autodescobrimento, enfrentando as verdades escondidas, reparando laços desfeitos e cicatrizando antigas mágoas. A cada capítulo, você acompanhará suas batalhas, derrotas e triunfos, testemunhando a redenção que surge quando ousamos encarar nossos medos e vulnerabilidades.

Este livro é um convite para explorar nossas emoções mais profundas, contemplar nossas dores e descobrir como a criança interior pode ser a chave para alcançar uma vida plena.

Com apreço,
Rosane Bonelli

SUMÁRIO

introdução...13

PARTE 1: DESTAMPANDO O PASSADO.17
IDENTIFICANDO OS TRAUMAS

paladares ocultos 19
ingrediente esquecido 25
eu no meio dos dois 33
o menino que não fui 41
traição inesquecível 47
eu queria um brinquedo 53
sombras invisíveis 63
memórias congeladas 69

PARTE 2: O SABOR AMARGO.....75
VIVENCIANDO DOS TRAUMAS

o gosto que persiste 77
ecos de inquietação 83
fuga incessante 91
síndrome do pote vazio 99
eu queria pertencer 103
o fim com a picada 109
você está sendo mole 115
alerta de repetição invisível 119

PARTE 3: O SABOR DA LIBERDADE.125
SUPERANDO OS TRAUMAS

em busca de mim 127
cara a carta 133
acertando as contas 139
fui muito dura 145
antídoto para cura da criança interior 151
entre sereias e serpentes 161
perdão inesperado 169
diálogo silencioso 177

introdução

Caro(a) leitor(a),

Bem-vindo(a) ao universo que construí e reconstruí, um lugar onde as experiências da infância se entrelaçam e ecoam na sala da existência, formando a melodia suave e, por vezes, discordante da vida. Convido você, com um coração aberto e uma alma repleta de histórias, a embarcar comigo nesta jornada de introspecção e descoberta.

Respire fundo, sinta o pulsar do seu coração e, de mãos dadas comigo, atravesse este portal de autoconhecimento. Aqui, entre sabores e aromas, entre risos e lágrimas, exploraremos juntos os recônditos de nossas memórias, as sombras que nos perseguem e as luzes que nos guiam.

Tome seu assento. Deixe que a dança das chamas ilumine nossos rostos, que o sabor dos pratos nos transporte para outros tempos e que a magia deste encontro nos transforme.

Nesta mesa, onde cada detalhe conta uma história, onde cada silêncio é um universo a ser desvendado, vamos nos permitir. Permitir sentir, permitir lembrar, permitir encarar. Sentados lado a lado, diante de pratos que são metáforas de nossas vidas, vamos desembrulhar os segredos, enfrentar os medos e abraçar as infâncias que nos moldaram.

"O Segredo da Pasta de Amendoim" não é apenas uma refeição a ser degustada, mas um convite para descobrir o sabor real da nossa essência, o tempero único que cada um de nós carrega. À medida que viramos as páginas deste menu de vivências, desvendaremos juntos os

CURE SUA CRIANÇA INTERIOR

ingredientes que compõem nossa alma e, quem sabe, encontraremos a receita para curar, crescer e amar de forma plena e incondicional.

Não é um caminho fácil, reconheço. Mas reforço o convite para junto comigo, encarar os reflexos do passado, as sombras que dançam na luz das velas, e redescobrir o brilho autêntico em cada um de nós.

Nesta mesa, onde tudo acontece e a ausência de conversa é tão eloquente quanto as palavras, vamos nos unir e nos separar, vamos nos perder e nos encontrar, vamos chorar e sorrir. E, no final, quem sabe, descobriremos juntos que o segredo da pasta de amendoim, o segredo da vida, está dentro de cada um de nós, esperando para ser revelado e saboreado.

Com carinho,
Lane

Parte 1

DESTAMPANDO O PASSADO

IDENTIFICANDO OS TRAUMAS

paladares ocultos

A luz do restaurante estava suavemente baixa, o suficiente para criar um ambiente aconchegante, mas, ainda assim, permitindo a visão clara do prato que estava à minha frente. O aroma delicioso era um convite a um lugar distante, um espaço de lembranças esquecidas e de sentimentos adormecidos. Com o garfo, peguei uma pequena porção no prato, levando-o vagarosamente à boca.

Assim que minhas papilas gustativas começaram a identificar os sabores daquele prato, uma onda de familiaridade me invadiu. Era como se mil memórias tentassem ressurgir todas ao mesmo tempo. Um sabor conhecido, mas indefinido. Cada mordida era uma tentativa de desvendar o mistério. Fechava os olhos, bloqueando todos os outros sentidos, focando apenas no sabor que dançava na minha boca. Ora doce, ora salgado, com um leve toque picante, intensificando o enigma.

Ao recordar as receitas que já havia degustado, os memoráveis pratos preparados por minha avó e as culinárias exóticas das viagens que realizei, percebi que nada se comparava àquela sensação que o prato me proporcionou. Cada tentativa de decifrar aquele sabor me conduzia a um emaranhado de sentidos, como se estivesse caminhando perdida entre sabores e lembranças. O mistério daquela receita se aprofundava, aumentando minha curiosidade.

Ao final da refeição, percebendo minha perplexidade, o *chef* do restaurante tailandês veio à minha mesa.

—Algo está te incomodando no prato? Você parece apreensiva.

– disse ele preocupado.

Apenas concordei, balançando a cabeça e disse:

—É um sabor que me lembra algo... mas não consigo descobrir exatamente o quê.

O *chef* apenas piscou e se inclinou a ponto de me fazer sentir o mau hálito dele, desviei o rosto e o ouvi sussurrando:

—Esse é um segredo guardado por gerações na minha família. Alguns sabores são uma jornada, não um destino. Você vai ter que descobrir sozinha! – disse com um sorriso enigmático.

Notei que se pedisse a receita, ele provavelmente não a compartilharia comigo. Essa constatação me deixou desconfortável em abordá-lo diretamente. Acreditava que, com meus dotes culinários, poderia decifrá-la e descobrir sozinha.

Algumas respostas são difíceis de se obter, mas minha curiosidade era tão intensa que, se necessário, eu não hesitaria em retornar para descobrir.

Saí do restaurante naquela noite, repleta de dúvidas. A comida me levou a um lugar desconhecido dentro de mim.

Não era fome, nem azia.

Era uma inquietação.

Estava prestes a fazer uma descoberta impactante.

Estava decidida a experimentar todos os temperos e aprender todas as técnicas disponíveis para reproduzir o prato com exatidão.

Precisava descobrir essa receita secreta e testar o poder do meu paladar sobre a minha vida. Pois, somente ele, poderia levar-me onde eu nem imaginaria que iria chegar.

respire e ative a consciência

☐ **reflita:**
Em cada sabor desconhecido que busquei, descobri um labirinto intocado dentro de mim.

☐ **responda:**
O que você esconde de si mesmo(a)?
_____
_____
_____
_____
_____
_____
_____

☐ **reaja:**
Compartilhe com alguém de confiança três segredos. Procure por pessoas que podem ter passado pelo que você passou e veja como elas resolveram o problema. Mas, caso não se sinta preparado ainda, apenas escreva.

ingrediente esquecido

Ao sair do restaurante, que ficava no centro da Flórida, retornei ao hotel. Mal dormi e no dia seguinte, durante o voo para o Texas, sentia-me apreensiva, algo dentro de mim já havia mudado.

Chegando em casa, desfiz a mala, conversei com todos que me esperavam e antes de sair, aos gritos disse:

—Estou indo ao mercado e, dessa vez, preciso ir sozinha! Se alguém quiser algo, só me ligar.

Chegando lá, resolvi comprar os mais diversos ingredientes e voltei à minha casa ansiosa para colocar em prática a reprodução daquele prato.

Todos com fome e esperando o que eu cozinharia. Sempre amei cozinhar, mas havia uma certa apreensão neste dia.

Dessa vez não havia leveza. Era um momento tenso para mim. Algo me dizia que eu precisava recordar. Minha intuição me preocupava. Sentia um aperto no peito.

Cheguei a pensar se estaria errando o ingrediente que faltava ao prato de maneira inconsciente, apenas para me proteger de algo.

O clima na cozinha estava tenso.

O aroma dos ingredientes se misturava no ambiente, criando um perfume sedutor e exótico, calmo e agitado ao mesmo tempo. Mesmo amando a culinária e entendendo muito de sabores, a ponto de descobrir alguns com vendas nos olhos, aquele prato me desafiava de um jeito que nenhum outro jamais o fizera.

Depois de algumas misturas e tentativas, provava e nada me lembrava aquele ingrediente. Frustrada, e ainda sem conseguir reproduzir o sabor, chamei meu noivo, o Mark, que também conhecia o restaurante, para provar minha última tentativa de recriar aquele prato misterioso.

Ele fechou os olhos enquanto saboreava, tentando discernir os sabores, provavelmente me imitando. Mas não tinha o paladar aguçado como o meu. Sempre achava que faltava algum elemento nos pratos que eu reproduzia.

— Está faltando alguma coisa, mas está melhor do que o do restaurante! – disse entusiasmado, degustando o prato.

Sua percepção só reforçou o que eu já sentia. O "melhor" não me bastava, queria identificar aquele ingrediente que faltava.

— Sabia que não estava igual. – respondi apreensiva.

Estava determinada a descobrir o que era. Porém, não conseguiria sozinha. Dias depois, tentei reproduzir novamente sem sucesso. A curiosidade pela receita tornou-se uma angústia devastadora que começou a perturbar meu sono.

Sentia-me como uma mistura de ingredientes: complexa e indefinida, ligeiramente perdida e ansiando por apoio. Essa inquietação não era apenas sobre o prato, mas sobre descobrir quem eu realmente era. Temi não ser forte o suficiente para fazer isso sozinha.

Decidi retornar urgentemente ao restaurante. Precisava desvendar esse enigma. Programei uma viagem à Flórida e, assim que surgiu uma oportunidade, peguei a estrada com meus filhos. A viagem pareceu uma eternidade.

Estava impaciente como uma criança para saber o ingrediente daquele prato que tanto mexia comigo. A cada milha que avançava em direção ao restaurante, ficava mais e mais ansiosa, imaginando diversas formas de descobrir a receita. Em minha cabeça sentia que faltava um único ingrediente a ser descoberto. Ou seriam dois? Finalmente, chegamos ao restaurante. Estava muito nervosa. Entramos e nos sentamos à mesa. Antes mesmo do garçom nos receber e oferecer o menu, fui direta:

— Você precisa me contar o segredo desse prato. Já tentei tudo e não consigo replicá-lo. Estou determinada a saber!

O garçom percebeu a aflição em minha voz, mas não soube me responder. Foi chamar o *chef* do restaurante. Passaram-se alguns minutos que pareceram uma eternidade. Assim que avistei o *chef* vindo em nossa direção, meu coração disparou. Finalmente descobriria o segredo daquele prato!

Ele veio caminhando calmamente, sentou-se ao meu lado e então expliquei o motivo de minha vinda. Ele ficou em silêncio por um breve momento, como se estivesse refletindo sobre minha angústia e o impacto daquele prato em minha vida. Então, inclinou-se e sussurrou ao meu ouvido:

— O segredo está na pasta de amendoim. Misturada com o leite e o óleo de coco, ela traz a textura cremosa e a doçura ao prato.

Fiquei paralisada.

— Pasta de amendoim! – exclamei com os olhos bem arregalados. Meus filhos não entenderam o espanto e, naquele momento, eu mesma não sei se consegui entender.

De alguma forma, aquela revelação transportou-me para uma memória distante da minha infância, na qual a pasta de amendoim desempenhou um papel fundamental em decisões que tomei.

As imagens daquele dia fatídico começaram a surgir em minha mente: um quintal, o sol dourado se pondo, uma risada infantil e um pote de pasta de amendoim caído no chão. A cena terminava comigo correndo, era como se eu estivesse vendo as cenas por detrás de um vidro embaçado, sem a clareza necessária para entender o que havia ocorrido.

Desde a infância eu estava sempre em busca de novos sabores, novas experiências. Adorava ficar na cozinha, brincar de fazer comidinhas. Por segurança, nossa babá nunca permitia que eu ficasse próxima ao fogão, pois eu era muito criança.

A curiosidade por sabores diferentes levou-me a um lugar desconhecido dentro de mim que havia enterrado no fundo da minha memória. Não foi intencional, não sabia o que esse sabor me revelaria, mas sabia que precisava descobrir do que se tratava.

Após recuperar os sentidos e retornar daquela viagem ao passado, redirecionei o olhar para o *chef* e o agradeci imensamente:

— Não foi apenas a revelação de uma receita, de um ingrediente secreto. Você me salvou!

O *chef* sem entender, ficou feliz e sorriu. Mal sabia eu, e muito menos ele, que uma chave para abrir uma parte da minha história trancada e esquecida em algum lugar até então inacessível estava agora em minhas mãos. Eu estava eufórica com um misto de medo e alívio.

Não via a hora de montar diversos pratos com pasta de amendoim, e dessa forma, acessar camadas ainda mais profundas da minha mente. O segredo da pasta de amendoim estava prestes a ser revelado e isso era muito mais significativo para mim. Era chegada a hora.

A noite seguinte foi uma das mais longas de minha vida, não conseguia pegar no sono, nem parar de pensar naquelas memórias ainda imprecisas.

Assim que o dia clareou, levantei-me da cama e percebi que meu corpo todo tremia e que o coração parecia querer saltar do peito de tão acelerado que estava. Com certeza, algo estava voltando à superfície para ser confrontado. Era hora de encarar a pasta de amendoim e os fantasmas do passado.

Ainda não havia contado nada ao Mark, que dormia tranquilamente na cama.

E mais uma vez fui ao mercado, mas desta vez não para comprar diversos ingredientes. Eu precisava de um único: a pasta de amendoim, para recriar aquele prato.

Quando cresci não ligava para amendoim e muito menos para pasta de amendoim. Estava hesitante em refazer aquele prato com a possibilidade de trazer à luz memórias que um dia eu quis esquecer.

Achava que já me conhecia o suficiente e estava curada de qualquer trauma da minha infância e que nada mais poderia me abalar, pois sempre me considerei forte, e nem sequer sabia que tinha aflições ou ferida emocional. Assumir isso naquele momento parecia vitimismo da minha parte. Na verdade, essa consciência libertaria diferentes sabores na minha vida, livrando-me de alguns amargores.

Em meu círculo de amizades, sempre tentei ajudar as pessoas que passaram por problemas na infância. Constantemente assumia o papel de conselheira, sem nem sequer encarar ou abrir-me para compartilhar algo que porventura tivesse ocorrido comigo.

Agora compreendo que isso era uma maneira de fugir dos meus próprios problemas. Tinha enterrado tudo em minha mente. Fui ensinada a ser forte, a obedecer aos meus pais e buscar agradar a todos. Queria ser motivo de orgulho. Apavorava-me a ideia de que outras pessoas sentissem pena de mim.

Acreditava que o que aconteceu comigo me tornara alguém mais forte, capaz de superar tudo. No entanto, não percebia que essa resiliência era uma fachada que mascarava meus verdadeiros sentimentos.

Impulsionada pelo sabor da pasta de amendoim, decidi escancarar o pote da minha história, desvendando minha alma e minha jornada de cura. Não busco por compaixão, mas por transformação da minha dor em poesia, das feridas em sabedoria. Desnudar a alma, despindo-me das máscaras. É como dançar com o desconhecido, aceitando o risco de um tropeço. Ao compartilhar cada fragmento de mim nessa narrativa, almejo uma conexão humana invisível que vai além das palavras.

Demorei, mas entendi que para poder ajudar os outros, precisamos ajudar primeiramente a nós mesmos. Caso contrário, nossas ações não passarão de gestos superficiais. Devemos curar nossas próprias feridas e compreender todo o processo da cura para, então, contribuir com quem precisar, sem preconceitos ou julgamentos, assimilando a jornada única de cada indivíduo.

Espero que as lágrimas derramadas ao escrever este livro possam auxiliar você e outros que estejam em batalhas semelhantes. Logo na primeira página, até um café forte me abalou, com a adrenalina de enfrentar medos e traumas. Mas estava determinada, página por página, a não desistir desta vez.

respire e ative a consciência

☐ **reflita:**
Não foi simplesmente desvendar uma receita ou um ingrediente oculto; o *chef* me entregou a chave que desbloqueou um capítulo esquecido da minha alma.

☐ **responda:**
Que aspectos ocultos de sua personalidade estão esperando para serem desbloqueados e explorados?
_____
_____
_____
_____
_____
_____
_____

☐ **reaja:**
Elabore um plano de ação para cada um, buscando desenvolver a consciência do que te limita e até onde você pode chegar.

eu no meio dos dois

Aquela fazenda no interior da Bahia era muito mais do que apenas uma casa: era um ecossistema de vidas interligadas e de histórias entrelaçadas. No centro dessas memórias, lá estava eu, cuja história começa antes mesmo do meu nascimento.

Minha mãe, grávida, teve que ir para a cidade para dar à luz. Após o meu nascimento, retornamos à fazenda, que parecia ter suas próprias histórias.

A luz dourada do sol se infiltrava por entre as árvores, criando um mosaico de sombras e luz no chão de terra batida. Quando criança, podia sentir o calor do sol, misturado com a brisa fresca que vinha dos campos. Ainda sinto o cheiro da terra molhada logo após a chuva, misturado com o aroma doce das diversas frutas do pomar. Em cada estação do ano tínhamos uma diversidade de frutas ao alcance de nossas mãos.

Cada canto daquela casa, daquela fazenda, parecia guardar histórias de gerações que viveram e trabalharam ali.

Recordo dos sons daquela fazenda como se fossem uma sinfonia regida naturalmente pelo passar das horas: cavalo pastando, vacas mugindo, porcos grunhindo e galinhas caipiras cacarejando. Era tão comum que não me abalava, mesmo para uma pequena garotinha. Uma lembrança amarga era o mastruz, erva nascida no mato silvestre que minha mãe misturava com leite e me obrigava tomar dizendo que era para o meu bem.

O pátio que circundava quase toda a casa do meu avô era o nosso *playground*. A cozinha ampla e rústica era o palco perfeito para os jogos e aventuras entre mim, meus irmãos e, por vezes, alguns amigos que nos visitavam. Ao cair da noite, subíamos na caixa d'água e ficávamos deitados sobre mantas com nossos olhos fixos no alto, contemplando o céu estrelado, rodeados pela vegetação e pelos grilos que sempre ofereciam um espetáculo único. Como sinto falta desses momentos com meus irmãos!

A babá não entendia quando ficávamos olhando para as estrelas. Não conseguia entender como o mundo poderia ser redondo. Tentei explicar, colocando palitos numa fruta. Mas ninguém compreendeu direito, nem eu mesma na época, pois não conseguia explicar claramente nem o movimento do planeta, nem a lei da gravidade e muito menos porque nós não caíamos se estivéssemos do outro lado do planeta ...

No pátio, uma surpresa: inúmeros sapos. Eram os verdadeiros donos daquele espaço, fazendo suas aparições noturnas e nos proporcionando mais uma fonte de pavor. O pátio era passagem obrigatória para ir ao banheiro e, por isso, evitava ao máximo ir até ele à noite, pois morria de medo de encontrar um deles. Às vezes, não conseguia segurar e, apavorada com a possibilidade de encontrá-los, corria para a varanda ao lado do quarto e fazia xixi ali mesmo.

A iluminação da casa era precária. Por um bom tempo nos acostumamos à penumbra, iluminados apenas por velas e lanternas. Depois de certo tempo, um gerador foi adquirido, trazendo consigo uma única lâmpada que iluminava a cozinha. Aquela modesta luz era o suficiente para nos reunirmos, conversarmos, contar histórias e compartilhar refeições.

A casa principal, uma construção antiga de madeira, com piso de assoalho, estava sempre repleta de vida. O barulho das panelas na cozinha, as gargalhadas dos meus avós e o som das conversas animadas ecoavam pelo ambiente. Contudo, para mim, o verdadeiro encanto estava do lado de fora. Adorava correr pelos campos, sentir a grama sob meus pés descalços e subir nas árvores para ter uma visão panorâmica da vastidão da fazenda.

Próximo à casa, havia um grande e volumoso rio que cortava a cidade. A atração principal da fazenda. Eu costumava sentar-me à sua margem, observando os reflexos do céu na água e ouvindo a correnteza. Era o meu refúgio, o lugar onde encontrava paz e tranquilidade. Tinha peixes, mas nunca pescava; na verdade, sempre os alimentava.

Na frente da casa, o curral marcava nossa conexão com a terra e a vida na fazenda. Era ali que a vida pulsava em seu ritmo mais intenso. Lá meu pai tirava leite, às 5h da manhã, para ser vendido na cidade. Era o nosso sustento. Nunca acordava nesse horário, exceto no dia do mastruz, em que eu ia contrariada, mas hoje lembro com carinho, e sinto uma nostalgia genuína de ter acordado pelo menos uma vez na semana para acompanhar meu pai neste momento solitário dele.

As memórias da casa, das brincadeiras e das aventuras continuam vivas em mim. Cada canto, cada sombra, cada risada compartilhada naquele lugar foi uma lembrança preciosa de uma infância na fazenda.

A pasta de amendoim fez com que algumas memórias esquecidas aflorassem em minha mente e que algumas memórias desagradáveis manchassem esse cenário pitoresco.

Apesar de desfrutar imensamente da vida na fazenda, também adorava viajar com meu pai. Ele sempre me tratava como uma princesa e sua dedicação não conhecia limites. Dentro do possível, fazia questão de realizar todos os meus desejos, proporcionando-me experiências que ampliavam meus horizontes e me faziam sentir especial. Era uma combinação perfeita entre a simplicidade e a sofisticação, entre a vida rural e as aventuras pelo mundo afora. Eu e meu pai, juntos, na fazenda e nas viagens, vivíamos momentos inesquecíveis, criando memórias valiosas que carregaria para toda a vida. Era uma bênção ter a oportunidade de desfrutar do melhor de ambos os mundos, graças ao amor e carinho do meu pai.

Em uma dessas viagens, recordo-me que, tarde da noite, pernoitamos em um pequeno hotel de beira de estrada. Meu pai decidiu parar no primeiro hotel que encontrasse, pois estava muito cansado após dirigir por horas.

O quarto exalava um sutil aroma adocicado, talvez proveniente de um antiquado purificador de ar, enquanto os papéis de parede exibiam desenhos desbotados pelo tempo, testemunhas de histórias de inúmeros viajantes que por ali passaram. O carpete espesso sob nossos pés amortecia os passos e uma janela emoldurada por cortinas pesadas oferecia vislumbres da estrada desolada.

Meu pai e seu amigo, que por vezes viajava conosco para revezar ao volante, cansados da viagem, ocuparam as únicas duas camas de solteiro que ficavam em lados opostos do quarto, com lençóis brancos e travesseiros fofos. Eu fui acomodada em um colchonete posicionado no chão e entre as camas. Viajar com meu pai era minha diversão favorita, dormir de forma improvisada fazia parte da aventura!

Na verdade, essa prática era familiar. Nos momentos de tempestade ou quando o medo me assombrava, eu buscava refúgio no quarto dos meus pais com meu colchão improvisado no chão. Às vezes, no meio da noite, eles quase tropeçavam em mim. Isso talvez tenha sido o que me motivou a explorar a área debaixo da cama, um esconderijo onde comecei a me abrigar inconscientemente.

Desta vez, a principal motivação da viagem era a minha avó paterna que era muito ligada ao meu pai. Ela sempre exaltava as virtudes das águas termais de Caldas do Jorro, a 250 km de Salvador, e seus olhos irradiavam entusiasmo quando finalmente chegamos. Alguns momentos daquela jornada permanecem cristalinos em minha mente. Lembro-me claramente da primeira vez que entrei na água quente e saí correndo. Não compreendia por que aquelas águas eram tão quentes; só escuto o eco da minha avó dizendo que era bom para a saúde.

Confesso que desejava viajar apenas com meu pai para ter sua atenção exclusiva. Naquela época, tinha apenas três anos, uma fase em que começava a desvendar o mundo ao redor por meio dos sentidos aguçados que sempre tive. Parte da história que descrevi acima foi contada por meu pai.

Curiosamente, não tenho memórias de minha avó dividindo o espaço comigo. Ela dormia em outro quarto no hotel, isolada, o que me deixa intrigada até hoje. Sua presença era reservada e distante, acompanhada por uma seriedade que permeava suas interações.

Naquela noite, sombras dançavam pelo quarto, iluminado unicamente pela luz fraca e suave de um abajur ao lado da cama de meu pai. No silêncio da madrugada, rastejei sob uma das camas, envolvida pelo mistério e pela acolhedora atmosfera do esconderijo secreto. O momento em que acordaram e não me encontraram desencadeou o pânico geral entre eles. Seus chamados e a busca frenética pelo quarto resultaram na minha descoberta.

Ainda consigo lembrar a sensação daquela noite. O silêncio, a penumbra, as sombras, meu pai e seu amigo adormecidos. Até hoje, estremeço ao recordar o pânico em sua voz quando acordou e percebeu minha ausência, gritando:

— Onde está ela? Alguém a sequestrou?

Minha gargalhada ingênua de quem acabou de fazer uma travessura revelou o esconderijo secreto, alimentando, de certa forma, meu desejo de atenção.

O café da manhã nos foi servido e meu olfato me conduziu a dois potes dourados de certo doce. Dentre todas essas memórias, a que mais aquece meu coração é a de experimentar o doce de avelã - Nutella. A primeira vez que provei essa guloseima foi inesquecível, uma sensação maravilhosa, como se tivesse descoberto o verdadeiro "néctar dos deuses"!

A euforia que senti foi indescritível. A sensação daquele sabor, daquela textura... Cada vez que relembro, o gosto reconfortante retorna, levando-me de volta àquela jornada mágica com meu pai, seu amigo e minha avó.

respire e ative a consciência

☐ **reflita:**
Cada sabor é um eco, ressoando nas câmaras da minha memória, desde os momentos mais doces até os mais dolorosamente amargos.

☐ **responda:**
Como as suas memórias - doces ou amargas - moldaram quem você é hoje

_____
_____
_____
_____
_____
_____

☐ **reaja:**
Compartilhe três memórias doces e três amargas da sua vida.

Desenvolva estratégias para que as memórias amargas não ofusquem as doces, buscando transformar a dor em aprendizado.

o menino que não fui

Apesar do amor profundo que nutria por meu pai e de ter diversas memórias boas com ele, havia sempre algo que me incomodava profundamente. Desde o primeiro suspiro que dei neste mundo, uma sombra de desapontamento pareceu pairar sobre a minha existência. Esse sentimento não era uma consequência direta daquilo que eu era, mas daquilo que eu não era: o filho homem tão desejado por meu pai. A insatisfação estava presente nos pequenos gestos e nas entrelinhas da minha infância, alimentando minha busca incansável por sua aprovação.

Crescer sob essa sombra de expectativas não atendidas moldou minha jornada e a percepção de mim mesma. Esforçava-me constantemente para corresponder às expectativas, buscando compensar o fato de não ter nascido no gênero que meu pai desejava. Esse desejo por sua aprovação tornou-se uma força motriz, impulsionando-me a buscar excelência em todos os aspectos da vida, na esperança de que um dia ele visse em mim não apenas uma filha, mas alguém que pudesse preencher o vazio de suas expectativas não realizadas. O desapontamento dele tornou-se visível, não apenas em seu olhar. Apesar disso, era uma bênção ter uma família para cuidar de mim, o que torna tudo contraditório.

Anos depois, fui morar com minha tia, para estudar em uma escola melhor, mas sentia falta de uma figura masculina que pudesse me proteger. Acredito que por isso sempre tive afinidade e identificação maior com os meninos, gostava mais de brincar com eles do que com as meninas.

Quando finalmente meu pai teve seu primeiro filho homem, ele ficou radiante! Exibia a todos sua conquista. Recordo-me vividamente dele trocando a fralda do meu irmão com um orgulho esfuziante. A atenção dele ficou toda direcionada ao bebê.

Não tive muita consciência de quando meu primeiro irmão chegou, mas senti muito ciúme com a chegada do segundo. Eram homens demais naquela casa!

Meu pai, sempre demonstrava muito orgulho por qualquer coisa que meu irmão fizesse. Quando meu irmão ganhou um cavalo, algo que eu sempre quis e nunca tive, meu pai tentou consertar, dizendo que o cavalo não era exclusivamente do meu irmão, talvez receoso de ter que me dar um também.

Era um cavalo pequeno, branco com mancha marrom, o nome dele era Pampinha. Parecia que o pai ficava se corrigindo no meio da frase, mas eu já tinha entendido tudo. Fiquei em segundo plano, refém de uma migalha de atenção e carinho, precisando me esforçar ao máximo para conquistar qualquer reconhecimento. E nem sequer um pônei ganhei!

A partir de determinado momento ele nem conseguia disfarçar mais essa preferência nítida pelo meu irmão do meio. De certa forma eu me sentia rejeitada, acentuando minha sensação de inadequação e essa busca por sua aprovação. E olha que meu irmão mais novo nem tinha nascido ainda! Meu pai nunca foi de expressar sentimentos. Os abraços eram raros na nossa infância. Não me lembro dos meus pais brigando na nossa frente, nem trocando gestos carinhosos entre si, exceto quando os dois bebiam. Apreciavam muito dançar ao som de música alta. Cresci vendo isso. Ambos sempre gostaram de muita festa. Enquanto isso, a babá cuidava de nós.

A presença constante da babá marcou a minha infância. Lembro de ter ciúmes dela com meu irmão. Seguia tentando de todas as formas, ser orgulho para meu pai. Associado à necessidade de aprovação dele. Havia também um medo profundo de decepcionar minha mãe que, aos meus olhos, parecia perfeita em sua essência.

Quero deixar claro que tudo o que escrevo aqui, só fui entender mais tarde, na terapia, e com muita busca pelo autoconhecimento. Por pura inocência, em nenhum momento captava verdadeiramente o que se desdobrava por trás dessas palavras. Acreditava que tinha uma família quase perfeita e que minha mãe sempre foi o pilar de sustentação para que ficássemos unidos.

Ela costumava afirmar a importância de entender a origem do meu pai, quando buscávamos o carinho dele pois, ele próprio, não havia recebido afeto na infância. Enquanto crescíamos, ele se tornava um pouco mais acessível. Via a figura materna como uma pessoa muito rígida e, das lembranças que eu tinha dela, era dando sermão.

As marcas da rejeição paterna na infância afetaram não apenas minha autoestima, mas também definiram minha visão de relacionamentos. Em busca constante de validação, para atender às expectativas de padrões preestabelecidos, moldava-me como uma pasta de amendoim em um pote, buscando aceitação e adequação, sem uma clara compreensão de minha própria essência.

Por esse motivo, desde a infância comecei a esconder minhas travessuras, com medo de retaliação. Quando revivo essas memórias entendo que, embora o amor e a aprovação de meu pai fossem importantes, não poderiam ser os únicos alicerces da minha autoestima.

Hoje, consigo perceber o quão importante seria desenvolver um amor-próprio sólido e uma aprovação interna, independentemente das expectativas que meu pai, minha mãe ou qualquer outra pessoa pudessem ter. Precisava me expor e expor minhas insatisfações, mas não tinha coragem e não achava espaço.

Naquele tempo, sentia que não tinha com quem contar, nem com quem me abrir.

Por isso, sentia muita falta de um irmão mais velho que, além de me proteger, pudesse ser um modelo para mim. De minha parte, não queria ser modelo para ninguém, queria só ser eu! Mas essa necessidade me fez esconder mais coisas do que deveria.

Dessa forma fui perdendo minha real identidade, tentando ser quem eu não era.

A "menina exemplo" que se sentia uma fraude. Desde pequenina, tal qual a pasta de amendoim, estava sempre tentando me moldar, me calar para ser aceita.

respire e ative a consciência

☐ **reflita:**
Perdi-me na tentativa de me encontrar.

☐ **responda:**
Em que aspectos você se percebe como uma pessoa complexa? Pode especificar?
_____
_____
_____
_____
_____
_____

_____

☐ **reaja:**
Identifique maneiras para simplificar sua vida hoje, evitando autossabotagem e focando no que realmente importa.

traição inesquecível

Dentre minhas memórias mais doces da infância, estão os nossos aniversários e o feriado do dia das Crianças. Essas datas eram sinônimos de celebração e alegria. A cada outubro, eu e meus irmãos criávamos muitas expectativas. Havia uma motivação especial: meu aniversário também era em outubro! Isso conferia a esse mês, um duplo significado, aumentando meus anseios.

Algumas vezes ficava frustrada, por imaginar que merecia receber uma atenção maior e presentes duplicados, o que nem sempre acontecia. De qualquer forma, tenho muitas e boas lembranças dessa época. Agora já não queria somente o pônei, eu queria um "unicórnio", queria me sentir amada, diferenciada e, acima de tudo, me sentir querida.

Dezembro trazia consigo a magia do Natal. A crença fervorosa no Papai Noel, nutrida pelo amor e empenho de nossa mãe, que nos levava a colocar nossos sapatos à beira da cama, na esperança de que o bom velhinho viesse nos visitar à noite e deixasse alguma lembrança.

Como minha mãe conseguiu manter viva a minha fé no Papai Noel por tanto tempo? Ao contrário dela, não consegui manter essa magia natalina na imaginação de meus filhos. Percebo hoje, que foi muito importante esse esforço de minha mãe em alimentar essa fantasia, prolongando parte da minha inocência e esperança por um milagre.

Tenho guardado com muito carinho a lembrança de um Natal em que um Papai Noel aterrissou de helicóptero bem no centro da cidade. A emoção foi imensa! Todos se reuniram na praça, ansiosos pela chegada e pelos presentes que o bom velhinho nos traria.

Por estar há muito tempo aguardando esse momento, segurei a vontade de fazer xixi. Com medo de não ver o Papai Noel, saí correndo para ir ao banheiro. Não sei se era só vontade ou se foi ansiedade pela espera. Porém, ao voltar, o presente já estava em cima do banco. Fui tomada por um sentimento misto de alegria e decepção: perder a chegada do Papai Noel. Aos olhos infantis, parecia uma traição, hoje devidamente superada.

Melhor do que o Natal, somente os passeios à praia, que amo até hoje! Durante as férias, nossas grandes aventuras eram as viagens à praia. Fazíamos uma grande comitiva de amigos e familiares, alugávamos uma casa acolhedora, onde o aroma do mar se misturava ao cheiro de comida caseira preparada com carinho por uma cozinheira que mamãe levava conosco. Dias ensolarados, areia e mar, risos, brincadeiras e peixes frescos à mesa. Essa era uma época dourada, cada verão eternizava momentos mágicos de união e felicidade.

Reconheço que meus pais fizeram o possível para nos proporcionar uma infância feliz, apesar de que, por muitas vezes e por longos períodos, eles ficaram extremamente imersos na rotina de trabalho.

Hoje, vejo como esses momentos da infância, marcados por simplicidade e conexão com a natureza, contribuíram para a formação da minha identidade. Sinto uma falta imensa da proximidade do mar, de estar com a família e dos momentos especiais da infância. Sinto falta de todo mundo junto. Ainda gosto dessa agitação familiar. Todos falando ao mesmo tempo, felizes.

Ah, as brincadeiras! Eram um turbilhão de criatividade e travessura.

Quando os primos iam embora, sem outras crianças por perto, eu tinha que ser a inventora dos meus próprios jogos. Meu irmão do meio, com sua curiosidade incontrolável, seguia-me por todos os cantos. Muitas vezes, nossas brincadeiras eram ingenuamente perigosas principalmente quando não havia supervisão da babá, que dedicava toda a sua atenção ao meu irmão caçula, o preferido dela. Eu literalmente brincava com fogo. Acredito que parte da minha coragem vem desses dias.

Certa vez, quando a noite começava a cair e as primeiras estrelas apareciam no céu, fiz uma tocha com uma garrafa de água sanitária e um pequeno pedaço de cabo de vassoura. Eu a girava em torno de mim mesma, segurando a tocha, fazendo com que as chamas dançassem ao vento. Era fascinante.

Meu pequeno irmão, querendo me imitar ou simplesmente me acompanhar nas travessuras, invariavelmente acabava se machucando. Enquanto eu rodava a garrafa em chamas, ele olhava hipnotizado aquela imagem pirotécnica e, por uma infelicidade, um pequeno pedaço de plástico derretido caiu em seu rosto.

Assustado, ele gritou e começou a chorar.

Assim que percebi o acidente, em uma ação de puro reflexo, joguei a "tocha" no chão e corri para retirar o plástico da face do meu irmão. A babá veio correndo aos gritos ao vê-lo chorar. Ela estava cuidando do meu irmão mais novo enquanto brincávamos.

— Eu não o chamei!!! – Defendi-me.

— Foi ele que veio atrás de mim!!! – complementei.

Mesmo com incidentes, os laços entre mim e meu irmão pareciam que ficavam mais fortes.

Não era só com brincadeiras perigosas que me divertia; também tinha um lado doce. Amava cozinhar, mesmo quando a babá não me deixasse usar os ingredientes que eu mais queria. Ela só me deixava usar farinha de mandioca, para evitar a bagunça e o desperdício de alimentos. Mesmo assim, conseguia fazer "bolos", misturando ingredientes que estavam ao meu alcance.

Foi uma infância rica de emoções, aventuras e aprendizados. Entretanto, nem tudo foram flores. É notável como certos fragmentos da infância se firmam de forma tão vibrante em nossas lembranças.

Frequentemente, me pego pensando se fui verdadeiramente feliz lá ou se as lembranças de criança foram romantizadas por mim devido à sensação gostosa da nostalgia. Por trás dessa dúvida, um mistério. Um pedaço da história que guardei a sete chaves por mais de quarenta anos.

Essa imagem permanece viva em minha memória.

Mas "essa" pequena Lane não tinha consciência do perigo, muito menos do que estava por vir.

respire e ative a consciência

☐ **reflita:**
Pelos olhos da criança que fui e que ainda vive em mim, o Natal e a mágica do Papai Noel brilham com uma luminosidade eterna, um brilho que minha mãe sempre soube alimentar.

☐ **responda:**
Você já parou para reconhecer e agradecer pelas coisas que sua mãe fez por você?

_____
_____
_____
_____
_____
_____
_____

☐ **reaja:**
Entre em contato com sua mãe hoje e expresse sua gratidão por algo específico que ela fez por você. Se não for possível, escreva uma carta ou uma mensagem de texto.

eu queria um brinquedo

A minha infância foi certamente modelada por muitas mãos e corações que cuidaram de mim. Minha mãe estudou apenas até o ensino fundamental, isto é, até a oitava série, o que nunca a impediu de trabalhar, sempre empreendendo com muita dedicação no segmento de comércio de joias e roupas. Sua determinação consumia quase todo o seu tempo. Acredito que, por isso, ela não conseguia estar tão presente em minhas recordações de infância.

Só me lembro do meu pai saindo e voltando tarde e, de tão cansado, sequer perguntava como tínhamos passado o dia. Apesar de quê, considerando a época, não era comum essa prática.

Apenas estávamos vivendo a vida real.

Quem cuidou de nós foram as babás.

Uma delas, que ficou por mais tempo com a gente e teve presença marcante foi a Corina. Com muita dedicação, do jeito dela, meio carrancuda e mandona, cuidava de nossas necessidades básicas.

Quando o meu irmão mais novo nasceu, a Corina já morava conosco e ele se tornou o favorito dela. Eu e meu irmão do meio passamos a ter ciúmes dele. O mais novo era também o mais meigo de nós, abraçava muito a todos, virou o xodozinho da família.

Corina tinha um cuidado especial com ele.

Já com meu com meu irmão do meio, ela era muito dura. Lembro que ela dava banho de escova nele.

Comigo, ela era completamente indiferente.

O desprezo da babá refletia a outra faceta do meu sentimento de rejeição que já experimentava em relação aos meus pais. Apesar dela ter a atribuição de cuidar de nós três, priorizava um, sem disfarçar sua preferência, assim como meu pai.

Nessa época, meu pai já não estava tão presente, ele corria muita vaquejada, já ganhava até carro e cavalos caros. Estava encantado por ser o herói em festas, enquanto minha mãe, às vezes, o acompanhava e também, às vezes, reclamava.

Lembro-me de Corina sempre com as unhas muito bem cuidadas e pintadas de vermelho, achava muito bonito. Eu chegava a ficar com inveja, pois minha mãe não me deixava pintar as unhas.

Fui uma criança hiperativa, sempre estava inventando alguma coisa para fazer e demandava muita atenção de Corina, por isso, ela me chamava de "encapetada". Eu até buscava contrariá-la ainda mais, toda vez que se referia a mim dessa forma. Pelo menos era uma maneira de atrair sua atenção.

Melhor do que o desprezo.

Naquela imensidão da fazenda, a imaginação era minha única companheira, principalmente depois que tentaram proibir meu irmão do meio a me acompanhar nas brincadeiras.

A cozinha rústica, típica de fazenda era um santuário para mim, cada ingrediente tinha um papel a desempenhar. Corina frequentemente me guiava, mas não permitia que minha criatividade tomasse as rédeas. Sempre havia um limite: a pasta de amendoim! Nunca ficava visível e nem eu sabia onde encontrá-la. Era como uma joia, a ser saboreada apenas após o almoço, era só uma mísera colher.

Enquanto a cozinha me oferecia conforto e rotina, Bastião, João e Tadeu, os vaqueiros oficiais da fazenda, pouco a pouco se infiltraram em minha vida.

Meu pai confiava neles. E eu também.

Minha mãe não tinha nada contra e nem muito contato com eles.

Meus contatos com os vaqueiros ficavam cada vez mais constantes. Eles pareciam dar vida ao lugar e faziam tudo para me agradar, especialmente quando meus pais não estavam em casa.

O coração da casa era a cozinha. Como eu amava os sabores e ficar na cozinha! Corina não gostava. Mas, eu insistia.

Enquanto Corina lavava a louça, os vaqueiros se aproximavam dela, iniciando uma conversa.

Bastião, ao perceber que Corina não me dava muita atenção, na minha inocência de cinco anos, sorria para mim enquanto indicava que, indo até ele, eu teria acesso à pasta de amendoim.

A reforma na casa trouxe mudanças e permitiu que os outros dois vaqueiros também ficassem ainda mais próximos do Bastião. Não sei se eles se comunicavam, mas os outros dois vaqueiros da fazenda, o João e o Tadeu, também começaram me oferecendo atenção e presentes.

Em determinado momento, Tadeu me presenteou com um grande ímã. Fiquei cativada por aquele objeto que tinha o poder de atrair outros metais.

Como era possível?

Eu já tinha um ímã, e quando aproximava os dois e eles se repeliam, eu achava fascinante.

Eu era muito curiosa e criativa.

Uma vez Corina me perguntou:

— Onde você achou esse ímã?

Eu falei que Tadeu tinha me dado. E ela pareceu contrariada, o que me agradava, por ter a atenção de Corina.

Eles eram as minhas companhias durante o dia.

Tudo começou com Bastião.

Ele, ao perceber que Corina não me dava muita atenção, viu a oportunidade de se aproximar de mim, com largo sorriso, me convidando a entrar no seu quarto para ganhar pasta de amendoim. Com um desejo irresistível de saborear aquele doce, eu ia.

O quarto dele era pequeno, com uma cama de solteiro, uma janela sempre fechada, um lugar meio sombrio.

Era final da tarde, tudo fechado e eu perto da cama.

Eu ia pelo presente. Pela pasta de amendoim.

Não me recordo de muitos detalhes. Sem entender o que se passava comigo quando me era oferecida a pasta de amendoim. Lembro-me de que, durante essas conversas dos vaqueiros com Corina na cozinha, eles faziam gestos para me levar ao quarto, um de cada vez, em dias diferentes.

Com muita tristeza, recordo que, aos meus cinco anos, Bastião levantou meu vestidinho rosa, me pegou no colo e roçou seu órgão em mim.

Tenho a pior sensação ao descrever este terrível momento, mas o faço como alerta e libertação.

Bastião não me penetrava, mas introduzia o dedo, ocasionando muita dor e muito desconforto. Eu não entendia o que significava aquilo.

Não sentia prazer algum. Eu ia pelo presente.

Passaram-se meses, e não sei por quanto tempo aquilo se repetiu, não consigo precisar.

O vaqueiro João e sua mulher Maria era um casal bem novinho na fazenda. Maria me dava muita atenção e, sempre que podia, eu a procurava em busca desse carinho.

Como ela estava grávida e gostava de criança, parecia me dar ainda mais atenção.

Um dia, ao procurar por ela, encontrei os dois na cama sem roupa. Maria, por cima do João e de costas para a porta do quarto não me viu.

Fiquei parada olhando por 5 segundos, curiosa, até que ele me viu, piscou e sorriu. Lembro-me de sair correndo assustada.

No dia seguinte, João começou a me olhar de maneira diferente e a andar atrás de mim na fazenda, me oferecendo além dos presentes, a tão desejada pasta de amendoim. Acredito que soube pelo Bastião o quanto a guloseima me atraía.

Aquelas conversas escondidas e secretas ludibriaram a minha cabeça ingênua de uma menina de cinco anos de idade. Eram verdadeiros "vaqueiros em pele de cordeiros".

Durante uma dessas conversas, um deles se sentou muito próximo de mim no banco de madeira que ficava nos fundos do celeiro. Chegou a ficar tão próximo que, sem perceber, já estava abraçado comigo.

Em seguida, fui tocada com as mãos e acariciada.

Fiquei completamente atônita, sem saber o que fazer, paralisada pelo desconforto daquela situação.

Quando ele foi embora, corri desnorteada para a beira do rio, onde sempre me refugiava e ali fiquei por horas escondida.

Mantive este segredo durante décadas. Sentia muita vergonha e culpa, por isso nunca contei a ninguém.

Mas, em meio àqueles gestos amigáveis e ao calor de suas histórias, algo nas sombras dos seus olhos me inquietava.

Com um desejo irresistível de saborear aquele doce, eu simplesmente ia encontrá-los em busca de atenção. E, então, deu-se início ao que viria a ser uma sequência de abusos dos três vaqueiros.

A única coisa que tenho certeza é que no final de tudo, desses encontros, Bastião falava:

— Não conta para ninguém que eu vou te trazer mais presentes.

Por completa falta de consciência ou compreensão, quanto à gravidade do que ocorria, eu não contava para ninguém, e ninguém me perguntava. Corina, se desconfiou de algo, não falava nada. Imagino que ela nunca soube o que aconteceu.

Mas, sempre vou divagar sobre a dúvida ou a dívida de Corina comigo.

O mesmo ocorria com Tadeu. Caí novamente, fui desta vez para outro quarto.

A história se repetia.

Dores iguais. Doces iguais.

Às vezes penso que não me sentia tão mal no início, pois a pasta de amendoim compensava. Por que eu voltava?

Era tudo muito ruim, eu não via a hora de acabar, só queria ganhar um presente.

Por isso que, muitos anos depois, eu nunca aceitava ganhar presente de ninguém e sempre trabalhei tão duro.

O presente do antigo Papai Noel, tinha perdido completamente o encanto e encontrou outro significado. Um péssimo e inesquecível por sinal, deixando marcas profundas na minha história que, com estas palavras, eu me liberto!

Sempre que os vaqueiros se aproximavam, meu coração batia forte, ficava sem jeito, na expectativa.

O que eu vou ganhar dessa vez? Uma mistura de curiosidade infantil e um medo crescente que não conseguia entender.

Um pressentimento de que algo estava errado. Por que eles não me deixavam contar para meus pais?

Minha mente infantil tentava juntar as peças. Os encontros às escondidas, as histórias cativantes, os presentes, o ímã, a pasta de amendoim...

A fazenda, antes um refúgio de felicidade e maravilhas, estava agora cercada por sombras que se estendiam, tentando me envolver.

Quando Bastião matou um gato que fez cocô na cama dele, essa notícia circulou pela fazenda inteira, o que me deixava ainda mais apavorada do que ele poderia fazer comigo se eu contasse para alguém, ou parasse de frequentar o quarto dele.

A vergonha já me impedia de contar, mas agora o pavor me dominava. Foi uma manipulação emocional muito grande. Uma agressão.

Soube mais tarde que, na cidade, o professor de karatê abusava de crianças e algumas assumiram isso para seus pais. E mesmo vendo isso, não tive coragem de contar o que aconteceu comigo. Lembro que o professor foi preso. E isso assustava a todos nós.

Infelizmente nos sentimos culpados.

Senti que fiz parte de um processo que se repetiu em várias gerações na família. Hoje, imagino que, talvez, meu pai tenha sofrido abuso também. Não tenho certeza. Penso isso porque uma amiga próxima se abriu comigo, após a morte dele, compartilhando que meu pai tentara abusar dela quando tinha 14 anos e não conseguiu.

Essa rede de abusos e abusados termina agora em minha família com este livro.

Eu decreto o fim.

Quando contei para minha mãe, quarenta anos depois, ela queria saber de tudo para me defender, sem se conformar com o que aconteceu. Ela não teve culpa. Precisava trabalhar.

Conto aqui esses detalhes como forma de alerta para proteger crianças e estimular todos aqueles que passaram por isso, que tiveram suas vidas arrasadas, a se libertarem desses segredos. E começar uma nova história.

Mas o pesadelo não acaba aqui.

respire e ative a consciência

☐ **reflita:**
Na inocência de um presente.

☐ **responda:**
O que aconteceu na sua infância que deixou marcas profundas?

_____
_____
_____
_____
_____
_____
_____

☐ **reaja:**
Confronte essa memória dolorosa e pense no que você faria hoje para curá-la, promovendo o autocuidado e o amor-próprio.

sombras invisíveis

A casa tinha uma história que só quem viveu ali podia sentir. Aqueles "mata-burros" (estrados de madeira, que funcionam como pontes para impedir a fuga do gado) que separavam as áreas da fazenda, eram como portais para diferentes memórias. Cada parte daquela terra tinha sua própria história, podia até sentir a presença das antigas gerações que viveram ali.

O rio que corria atrás da casa era nosso refúgio nos dias quentes. A gente se refrescava em suas águas claras e limpas, e eu podia ficar horas olhando para o reflexo do céu na superfície calma do rio, à procura de peixe e pitú (uma espécie de lagosta de água doce).

O porão era o nosso desafio. Quem era corajoso o suficiente para encarar aquela escuridão e enfrentar os morcegos? Tentei algumas vezes, impulsionada pelos desafios dos primos e amigos, mas a escuridão sempre me vencia.

As janelas, ah, as janelas! Eram tantas, e cada uma parecia ter uma história para contar. A madeira envelhecida era testemunha de muitos anos e muitas gerações. Em minha mente, aquelas janelas que se abriam com o vento e o barulho das madeiras batendo, eram como um gatilho para minha imaginação fluir.

Eu sonhava com ela. A bruxa.

A bruxa parecia se alimentar dos meus medos, tornando-se cada vez mais presente a cada tentativa minha de evitá-la. Podia ouvir o som da vassoura cortando o vento e sua risada estridente soando em meus ouvidos, como um lembrete constante da minha vulnerabilidade.

Mas, como toda criança, com o passar do tempo, meus medos foram sendo substituídos por novas descobertas. A fazenda foi testemunha de muitas memórias felizes, de risadas, brincadeiras e histórias contadas ao redor da fogueira.

No final das contas, aquela bruxa se transformou em apenas mais uma das muitas histórias que eu contava para os mais novos, rindo de como a imaginação de uma criança pode ser tão poderosa. A fazenda e suas memórias se eternizaram em meu coração.

Por mais que o tempo tenha passado, algumas memórias se mantêm tão vivas que elas sempre vêm juntas com as mesmas sensações. O terror após o pesadelo era tão intenso que a minha única saída era buscar refúgio junto aos meus pais, onde eu sempre acreditava encontrar um abrigo seguro. Em todas essas vezes, tentava ser a mais silenciosa possível, movendo-me na ponta dos pés e buscando um espaço, geralmente ao pé da cama, onde eu tentava me encolher, torcendo para que a noite passasse rapidamente.

Ah, mas meu pai... ele sempre tinha aquele sono inquieto e, inevitavelmente, seus pés encontravam meu esconderijo:

— Você aqui de novo? - ele resmungava alto com a voz embargada de sono.

Com os olhos ainda assustados pelo pesadelo, tentava justificar minha presença ali, mencionando a terrível bruxa dos meus sonhos. Por vezes caía da cama deles e, com o barulho, minha mãe acordava. E eles me mandavam voltar para minha cama.

Hoje, consigo perceber uma certa inabilidade dos meus pais ao lidar com o universo infantil. Vejo que a criação, especialmente do meu pai, fez dele uma pessoa não tão aberta e receptiva para encarar o novo ou o diferente. Este é o perigo de se julgar o passado com a perspectiva atual. Agora compreendo com clareza a importância de aceitar as pessoas como elas são e, quando possível, contribuir para o seu crescimento e melhoria.

    Era curioso porque, mesmo com todos esses momentos de medo, amava a fazenda e a casa! Cada canto tinha uma história, uma brincadeira ou uma risada. Aquela casa era uma parte de mim. E, mesmo com os pesadelos, ela sempre será um dos meus lugares favoritos no mundo.

respire e ative a consciência

☐ **reflita:**
Pesadelos que, silenciosamente, falavam o que eu não conseguia expressar.

☐ **responda:**
O que realmente tira o seu sono? Quais são os pesadelos que refletem seus medos e anseios mais profundos?

_____
_____
_____
_____
_____
_____
_____

☐ **reaja:**
Analise seus pesadelos, tente descrever os sinais inconscientes que são enviados por eles e explore o que eles podem significar na sua vida e o que você pode mudar a partir desta ação.

memórias congeladas

Um ano se passou, quando uma família com quatro crianças se mudou para nossa vizinhança. Logo fiquei amiga de Natalia e Margareth. Foi no mesmo momento em que todos os vaqueiros foram embora da fazenda.

Não entendi exatamente o porquê, mas senti um alívio inexplicável.

Corina até começou a me dar mais atenção do que de costume.

No coração verdejante da fazenda, encontrava conforto nas brincadeiras mais singelas. A imensidão dos campos, o canto dos pássaros e o aroma da terra molhada voltaram a ser o pano de fundo das minhas aventuras.

Como eu disse antes, fazer comidinhas era uma das minhas brincadeiras preferidas! Com um sorriso maroto, eu pegava arroz escondido de casa, mas quem "cozinhava" era a minha amiga mais velha, que já havia dominado a arte de acender o fogo.

Em uma panela grande eu misturava tudo o que encontrava, transformando ingredientes simples em banquetes imaginários. Todas nós, as crianças da fazenda, nos reuníamos, comendo diretamente da bacia, rindo e compartilhando histórias. Todas queriam colocar as mãos na panela ao mesmo tempo. Margareth, por ser a mais velha, tentava ensinar bons modos para não comermos como animais!

Meses depois, como o pôr do sol, que marca o final de um dia, aqueles momentos na fazenda chegaram ao fim. A cidade nos chamou, trocamos o verde dos campos pelas ruas movimentadas e casas alinhadas.

Nossa nova morada ficava à sombra de uma ladeira, uma casa que pertencia ao meu avô paterno. Por estarmos mais próximo dele, que morava em uma casa grande na cidade, sempre estávamos lá. Lembro da minha mãe conversando com ele enquanto enrolava seus cigarros. Era como um pai para ela. Ficávamos curiosos que a primeira parte do quintal era cimentada, e em seguida tinha uma parreira, era algo chique e exótico, além de diversos jabutis no quintal.

Não podíamos entrar no quintal, pois era o domínio de cachorros ferozes que meu avô criava. A primeira vez que entrei, os cães estavam presos e vibrei com a sensação de desbravar o desconhecido. As mangueiras carregadas, antes um convite para brincadeiras, agora pareciam inacessíveis.

Na agitação da cidade, a saudade da fazenda do meu avô pesava em meu coração. Sentia sua falta a cada dia. A cidade, com suas luzes e sons, não podia preencher aquela ausência.

Continuava buscando conforto nas brincadeiras de sempre. A cozinha improvisada no quintal, as risadas com os amigos e as histórias ouvidas e contadas. Apesar das adversidades e da saudade que sentia, sabia que as memórias da fazenda sempre estariam comigo, me orientando e lembrando-me de minhas raízes.

Está viva em minha memória, a primeira vez que nos mudamos, abandonando minha querida Bahia. A sensação de nostalgia e perda ainda são muito fortes dentro de mim. Naquela época, minha família e eu atravessávamos longas distâncias, dirigindo por dias, até chegarmos ao nosso novo destino: o Pará.

Durante essa jornada, um dos momentos mais dolorosos foi perceber que minha geladeira da Barbie – um presente especial do meu avô, repleta de pequenos ovinhos dentro, junto com diversos outros presentes que eu havia ganhado, foi deixada para trás.

Naquele momento, aquela geladeira simbolizava todas as minhas perdas, toda a inocência da minha infância e a falta de cuidado com as minhas necessidades. Nessa hora isso ficou muito claro. Era uma de minhas maiores perdas até aquele momento.

Com o passar dos anos, as mudanças de casa tornaram-se mais frequentes. Saltamos de cidade em cidade, de casa em casa, quase como nômades modernos. Em cada lugar, novas experiências, novos desafios, novos aprendizados. Minhas andanças por diferentes cidades foram moldando meu caráter e fortalecendo minha resiliência.

A educação sempre foi um pilar inegociável, principalmente para minha mãe. Por maiores que fossem nossas adversidades, nossa educação sempre foi prioridade e nunca ficamos sem estudar.

Morei com parentes, em repúblicas e até experimentei a rigidez de uma Escola Adventista. Não gostava de lá e minha mãe, que é muito religiosa, insistia com esta escola. Não podia usar joias, nem comer carne e ainda tinha que guardar o sábado (não realizar nenhuma atividade ou tarefa, seguindo aquela tradição religiosa). Era muito rígida para mim.

Apesar dos problemas iniciais de adaptação das constantes mudanças, eu gostava dessa rotina. Esse nunca foi meu medo. Cada cidade, escola, amigo e até mesmo cultura era um desafio e uma chance de recomeçar a vida. De limpar as páginas do passado como se estivesse passando a limpo o início da minha história. Eu aprendi a deixar para lá. "Vamos embora, vamos!" Isso se tornou um refúgio que eu utilizava para evitar mergulhar em mim mesma, inconscientemente apagando as memórias dolorosas. Até que as consequências delas começaram a se manifestar.

respire e ative a consciência

☐ **reflita:**
Acreditava que minha maior tristeza era a perda da geladeira da Barbie, sem perceber a real negligência com minhas necessidades e que a culpa não era só minha.

☐ **responda:**
Qual a perda da sua infância que mais impactou você e como reinterpretar essa memória?

_____
_____
_____
_____
_____
_____
_____

☐ **reaja:**
Pense sobre essa perda, compreenda as emoções envolvidas e ache três motivos de gratidão da infância para manter o foco.

Parte 2

O SABOR AMARGO

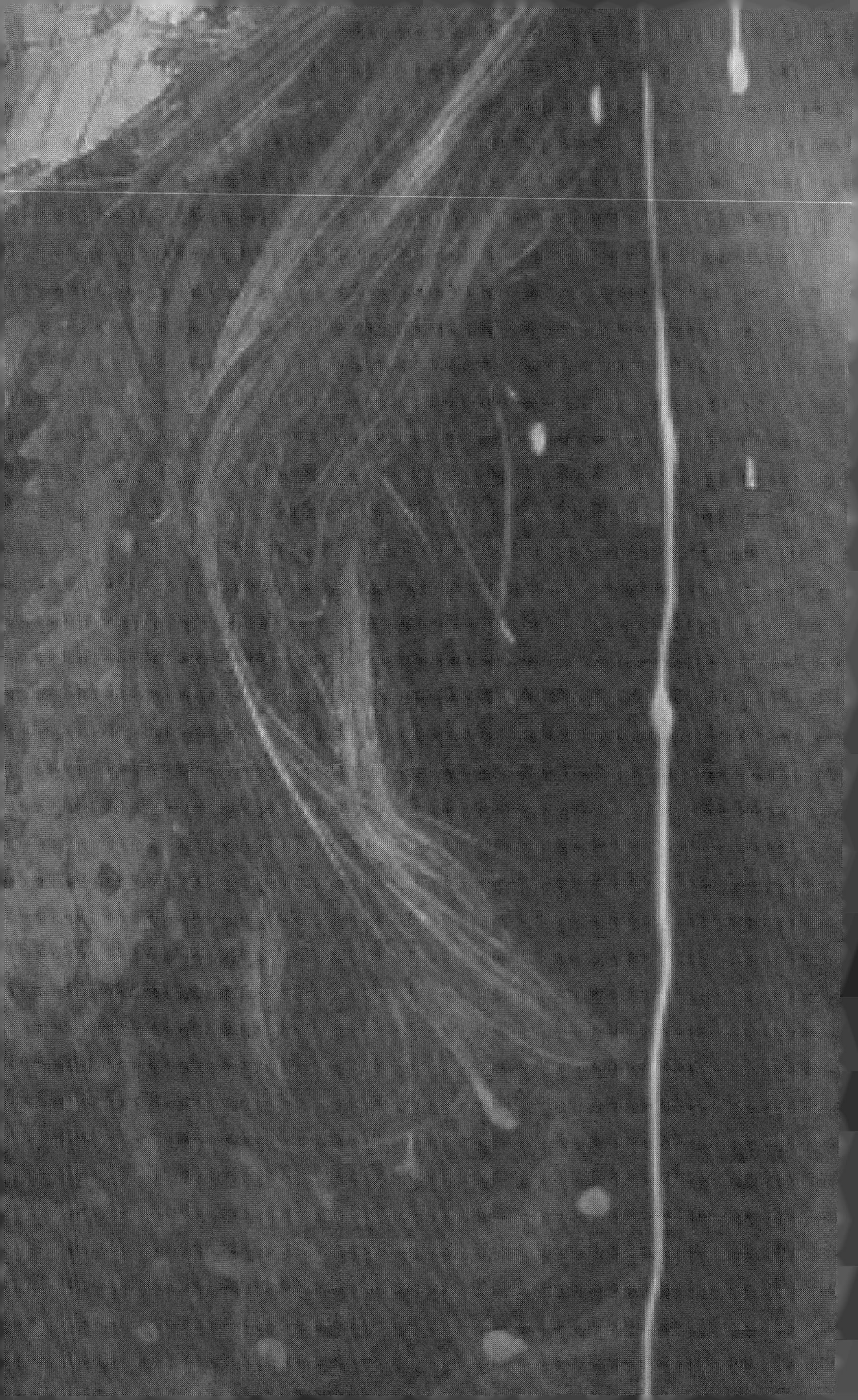

VIVENCIANDO OS TRAUMAS

o gosto que persiste

Passamos por muitas mudanças. E uma delas foi a transição para a área urbana, quando eu estava prestes a começar meus estudos. Mudamos para ficarmos mais próximos da escola e evitar longos deslocamentos diários entre a fazenda e a cidade. Lembro-me do bairro, das brincadeiras de rua e da animação de novos começos.

Em uma tarde preguiçosa, estava ajudando uma criança mais nova no banho, filho de uma vizinha que viera nos visitar. O banheiro era pequeno, com azulejos antigos e um cheiro característico de sabonete. Brincávamos de fazendeiros, imaginando que as espumas do xampu eram nuvens e o chão molhado um lago. No entanto, em meio àquelas brincadeiras inocentes, uma ideia imprópria passou pela minha cabeça. Apenas passou.

Mas a simples ideia já foi suficiente para gerar uma culpa avassaladora. Foi um sinal alarmante para mim, fazendo-me perceber que precisava reconhecer e enfrentar esses impulsos para garantir que nunca tomassem forma.

Durante minha infância, especialmente entre os oito e doze anos de idade, passei por dois momentos particularmente desafiadores. Por razões que demorei a compreender, sentia um desejo intenso em tocar outras crianças da minha idade, uma consequência, talvez, das experiências pelas quais passei mais cedo na vida. Difícil dizer isso aqui.

Esses sentimentos despertavam em mim uma profunda vergonha. Muitas noites, eu me encontrava imersa em uma tempestade de emoções, me questionando em silêncio sob minhas cobertas. Um peso de culpa nublava meus pensamentos, deixando-me perdida e sem saber como lidar com tudo isso.

Cada vez que alguém me tocava, mesmo que de forma inocente durante uma conversa comum, eu ficava tensa e desconfortável com a situação. A única coisa que tinha consciência é que não via o sexo de uma maneira bonita, mas de uma forma suja, conforme me foi apresentada, no início da infância. Esses sentimentos, somados à minha busca por aceitação, faziam-me sentir que não tinha consciência do meu verdadeiro valor.

Foi nesse momento de profunda angústia que surgiram meus primeiros namorados. Esses relacionamentos não perduravam e logo percebi que me tornara exigente. Para mim, um homem precisava ser perfeito: carinhoso, atencioso e respeitoso. Qualquer deslize nesses aspectos causava afastamento.

Habituei-me a desconectar com facilidade, às vezes de maneira tão fria que isso assustava meus namorados, devido à minha capacidade de evitar conexões emocionais profundas. Não me permitia ficar apegada, não me dava essa oportunidade. Não era eu quem ficava chorando, era eu quem terminava os namoros. Mal conseguia sentir algo em meu coração.

No entanto, houve um relacionamento que parecia perfeito no início, com apenas um defeito: fumava. Senti como se, de alguma forma, ele estivesse apagando meu passado, fazendo-me sentir amada e completamente protegida. Era como se uma borracha estivesse sendo passada sobre todas as mágoas e incertezas que eu carregava. Mas, no fim das contas, apenas uma doce ilusão.

Porém, uma grande paixão e uma descoberta estavam prestes a mudar completamente o meu destino, mais uma vez.

respire e ative a consciência

☐ **reflita:**
Ironicamente, minha identidade parecia mais entrelaçada ao outro do que a mim mesma.

☐ **responda:**
Alguma vez você já se sentiu perdido(a), como se sua identidade estivesse intrinsecamente ligada aos sentimentos e expectativas dos outros?

_____
_____
_____
_____
_____
_____
_____

☐ **reaja:**
Liste 3 eventos que fizeram você sentir que a sua identidade foi deixada de lado.

ecos de inquietação

Durante a fase de vestibular tive minha primeira paixão. Foi uma época um pouco conturbada. Fui reprovada em minha primeira tentativa e, por isso, tive que arranjar um emprego temporário.

No momento em que conheci meu colega de trabalho, charmoso, encantador e com um ar altivo e determinado, pode até parecer clichê, mas me apaixonei à primeira vista. Aquele homem me intrigava com seu jeito de conversar e, aos poucos, foi me conquistando. Fiquei completamente envolvida, me sentia importante e amada.

Com a aura misteriosa que o envolvia, ninguém ousava perguntar sobre sua vida pessoal. Em minha juventude e ingenuidade, não desejava parecer invasiva ou revelar meu interesse crescente, assim, evitava quaisquer tipos de perguntas. Nossos encontros se tornaram frequentes, especialmente durante as longas noites de trabalho.

Eu era virgem e não sabia de muitas coisas ainda. Estava totalmente envolvida neste primeiro amor, mesmo descobrindo que ele era casado. Quando minha mãe soube do nosso relacionamento, desesperada ela confrontou-me, menti. Até falei: "Eu provo que sou virgem, vamos ao médico!" Tinha muito medo de decepcionar minha mãe. Ainda tenho.

Logo em seguida fui demitida. Mudei novamente, agora para uma cidade vizinha, e sozinha. Mesmo assim, ele me perseguia, ia atrás de mim. Estava tão cega e apaixonada que não conseguia libertar-me dele. Num dia inesperado, a faísca se acendeu. Quando me dei conta, já estava profundamente envolvida e codependente. Foi o primeiro homem com quem me envolvi verdadeiramente. E, depois de muito insistir comigo, eu cedi.

O que era um conto de fadas no início, transformou-se num pesadelo.

Nossa relação foi muito intensa. E o final, mais intenso ainda. Quando descobri que estava grávida, fiquei completamente sem chão. Ele havia afirmado que tinha feito cirurgia de vasectomia porque não queria ter filhos. A gravidez foi descoberta no primeiro mês, nem fiz teste de farmácia. Fui direto ao laboratório. Entregaram-me o envelope selado que lá mesmo eu abri.

Quase morri quando descobri. "O que eu vou fazer agora?"

"Como iríamos lidar com essa gravidez? Aliás, como eu iria lidar com essa gravidez?"

Eu não estava preparada.

Quando falei com ele sobre estar grávida, foi um dos dias mais solitários que tive em minha vida. Há poucos anos eu me culpava por tudo o que aconteceu.

Ele me perguntou:

— O que você quer fazer?

Mas não falou em momento algum que assumiria a criança. Não falou nada. Foi um silêncio que me fazia doer a cabeça.

Em um ato de completo desespero, decidi interromper a gravidez. Comuniquei a decisão a ele, que me deu o dinheiro para este objetivo.

Não teria coragem de pedir aos meus pais.

A cidade estava silenciosa enquanto eu caminhava rumo ao destino que mudaria minha vida para sempre. A brisa fria batia em meu rosto, um cruel contraste à tempestade de emoções que fervilhava dentro de mim. Cada passo ressoava como um eco profundo e doloroso, cada pensamento era uma lâmina afiada de dúvida e culpa.

A farmácia ficava escondida numa rua estreita e quase deserta. Do lado de fora, o prédio parecia antigo e desgastado, como se muitas vidas e segredos já tivessem passado por ali. As janelas com cortinas encardidas revelavam apenas trechos da escuridão interior. Ao entrar, parecia que todos me olhavam, tornando minha presença mais perceptível e aumentando minha vergonha e desconforto.

A espera foi angustiante. Cada minuto era uma eternidade e cada segundo trazia consigo um peso insuportável. Eu desejava poder compartilhar minha dor com alguém, ter um ombro amigo para me apoiar, mas a solidão naquele momento era minha única companheira. O silêncio da farmácia era interrompido apenas pelo som suave e distante de conversas em tom baixo.

Cheguei à farmácia sozinha.

Tinha que encomendar o "coquetel", aumentando o desespero da espera. Voltei para casa e encontrei meu irmão mais novo, que também não sabia. Eu disfarcei bem. Ninguém percebeu nada.

A realidade do que estava prestes a fazer atingiu-me como uma forte ressaca do mar. Lágrimas escorriam pelo meu rosto, cada gota carregava consigo uma mistura de medo, tristeza e arrependimento.

Foi uma noite horrível, passei mal a madrugada toda e não consegui pregar os olhos. Senti muita dor em provocar este aborto, física e emocional, pois sempre falava que queria ter gêmeos. Senti que eram gêmeos.

Meu relacionamento com um homem casado só agravou essa sensação de estar à deriva. Desesperada, tomei a pior decisão de minha vida. A profunda sensação de solidão que senti após o aborto foi terrível. O vazio e a desolação que eu sentia por dentro, só de registrar aqui nestas páginas estremece minha alma em busca de redenção. Eu nunca consegui perdoá-lo. Não parei minha vida por isso, "não é sobre esperar a tempestade passar, mas aprender a dançar na chuva."

Não contei para ninguém, muito menos para meus pais. Uma vergonha ainda maior que a da infância. Com muito medo, me sentindo completamente desamparada e envergonhada, estava só e despedaçada emocionalmente.

A solidão se tornou ainda mais profunda, pois eu carregava um segredo que não podia compartilhar. A verdadeira dor daquele dia não foi apenas a decisão de tomar o coquetel em si, mas a dor na alma que senti antes, durante e depois.

Foi uma longa jornada que tive que enfrentar sozinha, em busca da autocompaixão, do perdão e da redenção. Apenas o tempo como companhia. Dias, semanas e meses se passaram, mas a memória daquele dia permaneceu comigo, assombrando-me em momentos inesperados. A sensação de isolamento só crescia, pois achava que não poderia contar a ninguém essa parte da minha vida.

Eu tive pneumonia uma semana depois. Minha mãe ficou muito preocupada e veio cuidar de mim. O médico que me atendeu, falou que eu estava morrendo e requisitou internação urgente no hospital. Toda vez que a enfermeira vinha me ver, falava que estava passando mal, para dar tempo de sair do meu corpo qualquer "indício" do aborto feito.

Minha mãe não sabia de nada. Até hoje, não tive coragem de revelar sobre a verdadeira causa da internação.

Recentemente, contei para minha filha, que me acolheu, sem me julgar.

A maior parte das pessoas em minha vida, incluindo minha mãe, nunca soube desse fato.

Nestas páginas, abro meu coração, não em busca de empatia, mas para ser genuína em minha busca pelo autoperdão e pelo perdão da minha mãe.

Guardei esse segredo por anos, temendo o julgamento dela, uma mulher profundamente apegada às tradições e doutrinas religiosas. Seu olhar sempre foi uma bússola moral para mim.

Desapontá-la era impensável.

Cada palavra que escrevo, é como se fosse uma agulha fina e comprida que sinto transpassar no meu peito, lembrando-me da dor dessa decisão, da dor da traição e do medo desse segredo ser revelado.

Julgar ou condenar essa decisão pode até ser fácil para quem nunca viveu ou conheceu alguém próximo que passou por isso.

O peso dessa trágica decisão foi tão grande que não houve um dia sequer que eu não me arrependesse.

Não compartilho essa história para me fazer de vítima, mas para iluminar a jornada das inúmeras mulheres que, assim como eu, tiveram experiências similares. Que elas possam também encontrar forças para se libertar das amarras do passado, permitindo-se, finalmente, respirar livremente.

Exponho minha vulnerabilidade com objetivo de que os homens possam refletir sobre o valor e a responsabilidade de uma vida, e o impacto do aborto na vida de uma mulher.

Anos depois, demorei a engravidar do meu "primeiro" filho e tive a sensação que Deus havia me dado uma única chance e eu tinha jogado fora. Estaria sendo castigada e merecia.

A todos que leem estas palavras, peço que as encarem não como um lamento, mas como um convite à aceitação. Não só comigo especificamente, mas para com todos aqueles que carregam em seu interior o peso de escolhas difíceis.

Antes de julgar, procure compreender.

Antes de condenar, busque amar.

Antes de criticar, busque ouvir.

Cada um de nós carrega consigo uma história que merece ser ouvida, entendida e respeitada. O respeito mútuo pode verdadeiramente nos libertar e nos fazer florescer.

CURE SUA CRIANÇA INTERIOR

respire e ative a consciência

☐ **reflita:**
Não permita que o silêncio da solidão se torne um grito dentro de você. Procure um amigo/profissional que possa te guiar para um estado de consciência mais elevado.

☐ **responda:**
Quando o silêncio ao seu redor se tornou mais forte que o barulho do mundo exterior?

_____

☐ **reaja:**
Identifique um amigo ou profissional de confiança e compartilhe suas preocupações, buscando apoio e *insights* para encontrar a sua voz e superar a solidão.

fuga incessante

Foram necessários alguns anos até conseguir recuperar-me emocionalmente e restabelecer minhas forças para começar a me perdoar das sombras desse relacionamento e de suas consequências.

Com o coração palpitando e os sentimentos à flor da pele, mergulhei em relacionamentos que nunca duravam mais do que seis meses. Aos olhos dos outros, parecia que eu estava sempre à procura de falhas, pronta para terminar a relação ao menor sinal de problema. E enquanto amigos e familiares sussurravam teorias e questionavam minhas escolhas, me agarrava à certeza de que estava me autoprotegendo.

Durante a universidade, outro homem teve um importante papel em minha vida. Por dois anos, navegamos juntos no que parecia ser amor, mas ele era um mar de incertezas. Embora extremamente possessivo, compartilhamos muitos momentos de ternura que me faziam questionar se estava sendo rigorosa demais.

A memória do episódio em que fui empurrada contra um muro áspero, simplesmente por mencionar um amigo, ainda arde em mim. Naquele momento, um medo paralisante silenciou minha voz novamente. Em vez de gritar, escolhi suportar, na esperança de que as coisas melhorassem.

A tempestade que se aproximava revelou ser mais furiosa do que eu poderia imaginar. Durante um carnaval, ele me traiu de uma maneira que nunca poderia ser reparada: engravidou uma mulher em outra cidade. Nesse momento, vi minha história se repetindo. A descoberta foi um golpe para mim. Quando minha mãe descobriu, seus olhos transbordavam de tristeza e compaixão por mim. Isso sem saber que, anos antes, a mulher que engravidara era sua própria filha.

Novamente o desespero e a desilusão tomaram conta de mim. Meus sonhos, aspirações e planos pareciam estar se desintegrando.

Essa dor se tornou a energia propulsora para uma mudança monumental em minha vida. Era hora de recomeçar, longe de tudo e de todos. E assim, com um coração pesado, mas com a esperança de um novo começo, embarquei em uma jornada onde não mudei de cidade ou de estado, mudei de país.

Essas experiências servem como um lembrete de como padrões não reconhecidos podem dominar nossa existência. A influência da infância e as escolhas não são meras coincidências. São reflexos de traumas, fraturas emocionais, rejeição, desejos e esperanças que carregamos conosco, muitas vezes inconscientemente. Reconhecer e enfrentá-los são os primeiros passos para mudar o curso de nossa história.

Desde a infância ouvimos histórias de amor, de princesas e príncipes encantados. A sociedade impõe padrões sobre como deve ser o amor e como devemos seguir determinadas etapas da vida. Assim, com o passar dos anos, eu, como muitas, absorvi essas narrativas, acreditando que cada escolha deveria ser feita para seguir esse roteiro preestabelecido. Na prática, o que vivi foi muito diferente.

Não tenho dificuldade em perdoar. Dava muitas chances, mas percebi que estava presa nesse padrão de relacionamento, no qual eu sofria, e acreditava que isso aliviava minha culpa do passado.

Mudei de país, mas não mudei de atitude. Voltei a ter relacionamentos curtos.

Ao mergulhar nas complexidades dos meus relacionamentos, comecei a entender que eu estava sempre sufocada, oprimida pela minha necessidade de aprovação. Precisava encontrar minha própria voz, minha identidade, em meio a todas as expectativas e pressões externas.

A cada relacionamento que experimentava, mais minha identidade ficava desfocada. Cada vez mais longe do meu próprio eu, da minha voz, antes de poder me comunicar verdadeiramente com alguém. Era como se continuasse calada, aceitando o que eles decidiam para mim. A culpa já não era mais deles que, com certeza, também foram crianças feridas, tinham seus traumas, medos. Eu precisava parar de culpá-los e encontrar dentro de mim essa libertação.

É curioso como a vida é. Mesmo em meio ao caos e à dor, podemos encontrar lições e crescer. Embora muitas vezes sentisse que estava me afogando, que o peso das escolhas e as circunstâncias me puxavam para o fundo, esses momentos também mostraram minha força e resiliência. Ao compartilhar essas experiências, minha esperança é que outros possam encontrar alguma ressonância, alguma compreensão e, talvez, até um pouco de alento. Afinal, todos nós somos seres humanos, fazendo o melhor que podemos, navegando por esta vida.

Muitas vezes, tentei conscientemente escapar dos padrões de comportamento de meus pais que amarguei na infância. Contudo, para minha surpresa, percebi que os estava repetindo e, consequentemente, refletindo as mesmas inseguranças e anseios.

Minha mãe, uma mulher resistente e forte, cresceu em tempos de escassez e instabilidade. A necessidade de preservar o que tinha era uma questão de sobrevivência para ela. Vivera em um tempo em que cada decisão tinha uma repercussão sem volta. Sinto que ela tinha medo de ficar sozinha. Certa vez, ela disse que nunca se separaria. Não queria passar a mesma coisa que a mãe dela, suportando a traição. Contou que não queria nos deixar sem pai.

Mas este padrão da minha mãe, eu desafiei. Nunca aceitei traição. Confiar em alguém e passar por isso é uma dor profunda.

Enquanto tentava rebelar-me contra essa mentalidade, caí em outro padrão, um que refletia as mesmas inseguranças de uma maneira diferente. Em vez de me apegar às relações pelo seu valor em si, como minha mãe fazia, vinculava-me à ideia de desapego, como uma defesa contra a perda e a dor. Na realidade, eu não estava evitando o apego, estava apenas me associando a relações de maneira diferente, buscando uma sensação de controle sobre um mundo incerto.

O reconhecimento desse comportamento vicioso foi o primeiro passo para começar a desvendar e compreender o amargor que sentia nos relacionamentos. Era um convite para abraçar, não apenas a liberdade de desapego, mas também a liberdade de escolha – de decidir o que realmente valia a pena manter em minha vida e o que estava apenas ocupando espaço, emocional ou psicológico.

Confrontar esses padrões herdados não foi fácil. Foi muita introspecção, aceitação e, acima de tudo, perdão. Perdão para minha mãe, por qualquer pressão ou expectativa não dita que senti, e perdão para mim mesma, por não entender completamente os sabores de minhas ações e escolhas.

Agora, olho para trás, não com ressentimento, mas com serenidade. Porque cada decisão, cada padrão, cada momento de dúvida, me trouxe para onde estou hoje: um lugar de maior entendimento, autoconsciência e paz. Embora a jornada de autodescoberta nunca termine realmente, cada passo à frente é um passo mais próximo da verdadeira liberdade de ser quem você realmente nasceu para ser.

respire e ative a consciência

☐ **reflita:**
A dor que permanece escondida dentro de você pode apodrecer e envenenar por dentro; a vulnerabilidade de se expor pode ser a força motriz para uma mudança transformadora de dentro para fora.

☐ **responda:**
Qual é a dor guardada dentro de você que, se exposta e compreendida, tem o potencial de inspirar transformação e até mesmo salvar vidas?

_____
_____
_____
_____
_____
_____
_____

☐ **reaja:**
Explore as raízes dessa dor e considere como compartilhar sua experiência pode ser uma fonte de força e inspiração para você e para os outros.

síndrome do pote vazio

Estava perdida, encarando um espelho que refletia imagens que eu não reconhecia. A cada passo que dava, sentia o chão instável sob meus pés, como se a qualquer momento, pudesse desabar. Estava à mercê de forças externas, como se estivesse sendo empurrada para todos os lados, sem ter uma direção definida.

Era como um quebra-cabeças montado com peças de outras pessoas. A cada nova interação, tentava pegar um pouco de alguém, na esperança de sentir-me completa. Mas tudo o que sentia era um espaço ainda maior dentro de mim. A cada tentativa de preenchê-lo, mais distante ficava de mim mesma.

A falta de clareza de minha real identidade me fazia ser como um camaleão, camuflando-me em qualquer paisagem, na busca incessante por pertencer, por aprovação. Era um ciclo tóxico: quanto mais procurava a validação do outro, mais diluía minha autenticidade.

Queria desesperadamente encontrar minha essência, mas estava tão sobrecarregada ouvindo vozes alheias, que não conseguia escutar o que realmente importava.

Parecia que vivia em um palco, interpretando diferentes personagens, desconhecendo o verdadeiro protagonista. No fundo, queria me encontrar, porém, estava tão envolvida em tentar ser o que os outros queriam, que mal conseguia ouvir minha própria voz.

O sonho do casamento sempre esteve presente em minha vida. Para muitas, isso surge com um encontro especial. Para mim, essa vontade sempre esteve lá, contudo, muitas vezes me questionei se esse desejo era genuíno ou apenas um reflexo das expectativas sociais.

Com a popularização das redes sociais, a superficialidade das relações se tornou comum. Parece que esse padrão invadiu também as relações humanas reais. A dificuldade de comunicação entre as pessoas tornou-se evidente. A questão não era falar e ser ouvida, mas sim, sobre conectar-se verdadeiramente. Era mais do que se expressar, era sobre entender e compartilhar nossas essências. Era sobre um encontro de almas. Eu sempre quis compartilhar a vida e viver um amor verdadeiro. E sinto estar cada vez mais próxima disso.

Aprendi a importância de compreender as histórias e as jornadas das pessoas com quem nos envolvemos. Encontrar e entender a essência delas. Apenas através do diálogo aberto, sincero e livre de julgamento é que podemos atravessar a superfície e entendê-las como realmente são. Não fazer as perguntas necessárias para desvendar a alma do outro é como pular num abismo sem paraquedas.

respire e ative a consciência

☐ **reflita:**
Não procure validação do outro, isso pode virar um ciclo tóxico.

☐ **responda:**
Você já buscou validação externa a ponto de isso afetar seu bem-estar? Como isso influenciou suas relações?

_____
_____
_____
_____
_____
_____
_____

☐ **reaja:**
Reflita sobre momentos em que buscou validação externa e comprometa-se a validar-se internamente. Descreva 3 mudanças que fará no seu comportamento.

eu queria pertencer

Sempre ouvi a emblemática tríade da realização pessoal: escrever um livro, ter um filho, plantar uma árvore. Esses foram os pilares que, em minha mente, definiam o sucesso. Uma "*bucket list*" (uma lista de coisas para fazer antes de morrer) padrão que me foi imposto desde cedo, quase como um roteiro predeterminado para uma vida bem-sucedida.

Eu queria um livro com meu nome na capa. Não porque sentisse uma paixão pela escrita ou porque tivesse uma história interessante para contar. Mas porque, de alguma forma, aquelas páginas encadernadas sob meu nome seriam a prova tangível de minha existência, um legado, um ponto de exclamação em uma vida de interrogações constantes.

Então, um dia, minha mente foi invadida por questionamentos: Por que e para quem eu estava fazendo tudo isso? Será que estava tentando provar algo para mim mesma ou simplesmente buscando a aprovação alheia? A realização verdadeira viria de marcar itens em uma lista ou de viver autenticamente por mim e para mim?

Foi libertador perceber que a maior expectativa que precisava eliminar de minha vida era a que eu mesma tinha construído. Não quero mais ser a autora de um livro escrito para agradar ao mundo, mas de uma história vivida de acordo com minha própria verdade.

Desvencilhar-me dessas amarras externas foi como respirar após uma longa apneia. Não preciso executar uma lista de tarefas definidas por outras pessoas para alcançar a realização. Sou suficiente como sou, com ou sem um livro publicado, com ou sem uma árvore plantada. Abraçando essa verdade, sinto-me mais livre do que jamais me senti.

Criar minha "*bucket list*" parecia o certo a fazer.

Todos tinham uma. Mas cada item adicionado parecia mais um eco das expectativas alheias dentro da minha casa, em relação aos meus pais. Eu queria pertencer. Ser amada. Ser aceita.

Mas quem era eu nesta lista? Aplausos, curtidas, elogios?

Mas por dentro? Uma procura de não sei o quê. Eu era um personagem e não a protagonista da minha própria história.

Atuando, buscando aprovação. Me perdendo de mim mesma no processo. Viver para o outro ou viver para mim?

O conflito era real. Desejava autenticidade, ansiava pela minha identidade de volta.

Sempre quis mostrar para meus pais que venci.

Para mim, a necessidade de controlar tudo o tempo todo era meu maior castigo, imposto por mim mesma. Por mais que não enxergasse isso.

Houve momentos em que desejei profundamente rasgar algumas páginas da minha história, como se isso pudesse apagar as memórias dolorosas e os desafios que enfrentei. No entanto, ao refletir mais profundamente, percebi que essas páginas, por mais difíceis que fossem, eram na verdade as mais preciosas.

Elas representam a exposição da minha verdade e vulnerabilidade. Têm o poder de servir como uma luz para iluminar o caminho de outras pessoas que estejam passando por situações semelhantes às que vivi.

Durante muito tempo, uma tentativa de eliminar essas páginas foi mudar de cidades, ir para outro lugar. Recomeçar. Mas estava cansada de recomeços. Meu avô dizia que pedra que muda demais não cria limo. Era hora de parar. Mudar de dentro para fora, me aceitar de verdade.

Compartilhar minha história, com todas as suas imperfeições e momentos de luta, não apenas me permite curar e crescer, mas também, oferecer a esperança de que minha experiência possa tocar a vida de alguém que se sente perdido ou isolado em sua própria jornada. Como um ato de coragem, revelo minhas cicatrizes emocionais e exponho as partes mais vulneráveis de mim mesma.

Pessoas feridas como eu precisam de outras pessoas que passaram pelo mesmo, para ter uma sensação de pertencimento. Era como se em mim existisse um refúgio, empatia. Ajudando essas pessoas, eu ia me ajudando. Mas não é fácil admitir quando estamos nos perdendo. Durante tanto tempo estive presa em um ciclo vicioso de cuidar dos outros para não enfrentar meus próprios problemas. Era mais fácil dedicar-me às angústias alheias, acreditando que isso aliviaria as minhas.

Na tentativa de fazer o correto no atual relacionamento e para entender melhor a minha filha, comecei a fazer terapia. Mas apenas a terapia não estava ajudando. Assim, comecei a pesquisar sobre os efeitos de curas com psicotrópicos. Acreditava que tinha enterrado meus traumas tão profundamente, na intenção de me mostrar forte, que nem sabia o que realmente me afetava.

Numa noite, o peso de meus segredos tornou-se insuportável. Num ímpeto de coragem, confidenciei ao meu noivo sobre o aborto que fiz aos vinte. Mesmo tendo pedido perdão a Deus, carregava comigo um profundo sentimento de vergonha e culpa.

A vida sempre me apresentou pessoas incríveis que me estenderam a mão quando eu mais precisava, mostrando-me que a bondade genuína ainda existe. Uma delas em especial, guardo com carinho: Ela se tornou-se um símbolo de generosidade, um lembrete de que nem todos estão dispostos a ferir.

Chegara a hora de recuperar minha vida e transformar toda essa dor em algo maior. Transformei minha casa em um santuário, um porto seguro para outras mulheres que precisavam, tanto quanto eu, de um recomeço. Ao ver cada mulher que passava por ali, muitas delas com sonhos brilhando nos olhos, encontrava esperança. Era como se, ao ajudá-las, estivesse curando uma parte de mim mesma. Isso aconteceu depois do meu segundo divórcio.

Minha jornada de autodescoberta começou quando percebi que a verdadeira chave para minha cura estava em voltar ao passado. Era fundamental revisitar minhas relações familiares, com meus pais e filhos. Era lá, naqueles primeiros momentos de vida, nas primeiras interações, que encontraria as respostas para os porquês que tanto me atormentavam.

Era hora de desvendar, enfrentar e, reconciliar-me comigo mesma. Precisei entender como funcionava o relacionamento com os meus pais para ver quais padrões estava repetindo e que não conseguia perceber. Momento de consertar o que estava fora de lugar na minha vida.

respire e ative a consciência

☐ **reflita:**
Ocultei meus traumas para parecer forte e perdi a noção do que verdadeiramente me feria.

☐ **responda:**
Quais os traumas escondidos que ainda precisam vir à luz para que você realmente se conheça?

_____
_____
_____
_____
_____
_____
_____

☐ **reaja:**
Reserve um momento tranquilo esta semana para escrever sobre um trauma ou experiência passada que você acredita ter enterrado. Ao confrontar e reconhecer esses sentimentos no papel, você dará o primeiro passo para entender e possivelmente superá-los.

o fim com a picada

Meu pai sempre foi a fortaleza silenciosa que sustentava nossa família, seu vigor e energia inesgotáveis estavam marcados em cada canto do nosso lar. O romper da alvorada trazia com ele a imagem do meu pai: entre as vacas, com suas mãos calejadas, ordenhando com uma mistura de força e ternura. Depois, com o balde cheio de leite, ele percorria o caminho até a cidade, seu rosto sempre iluminado por um sorriso sincero e um olhar que transmitia uma satisfação pura, resultado de uma vida simples, mas plena.

Essa cena tão familiar e reconfortante foi brutalmente interrompida em uma manhã inesperada. Enquanto ele cuidava do nosso quintal, cortando a capim para as vacas, o inesperado aconteceu: uma cobra, que passou despercebida por todos, o atacou. O choque desse trágico acontecimento foi intensificado pela rapidez com que tudo aconteceu. A rapidez do veneno, a corrida contra o tempo, os antídotos aplicados em desespero. E o mais doloroso de tudo: a rapidez com que ele nos foi tirado.

Não houve tempo para despedidas, para últimas palavras ou para um último olhar. A nossa vida mudou bruscamente e foi uma lição que nunca imaginei ter de aprender, ainda mais de uma forma tão dura. A intensidade da dor era tão avassaladora que parecia quase física, como se um buraco tivesse sido aberto em meu peito. Já morava distante há um tempo, mas neste dia, embora não tenha conseguido vê-lo, pareceu passar um filme de toda minha história com ele, enquanto aguardava o antídoto ideal que não vinha.

Após a morte do meu pai, minha mãe inconsolável, contou que a casa antes repleta de sua presença, agora era marcada pelo vazio e silencio. A tristeza pela perda foi intensificada pela ausência da oportunidade de nos despedirmos, de velá-lo como ele merecia, de honrar sua partida da forma que nosso coração desejava. Ele havia sido arrancado de nós, sem aviso ou preparação.

O turbilhão de emoções que se seguiu foi quase insuportável. Minha mãe, tentando entender e aceitar a abrupta partida se apegava à esperança de que, de alguma forma, ele retornaria. Mas quando a realidade se instaurou em seu coração, foi atingida por uma depressão tão profunda que parecia nos arrastar juntas para o abismo. O processo de cura foi longo e tortuoso, com dias mais escuros que a noite. Mas, com ajuda e apoio, fomos lentamente saindo da sombra da sua partida.

Em meio à saudade e ao luto, aprendi a reverenciar sua memória, mantendo vivos em mim o amor e os valores que ele nos ensinou. E embora o vazio deixado por ele nunca possa ser preenchido, tento encontrar a paz, esperando que, onde quer que ele esteja, se sinta orgulhoso de nós e em paz consigo mesmo.

A vida, em sua riqueza de experiências e nuances, também nos oferece remorsos e arrependimentos. Com a partida repentina do meu pai, alguns momentos de nosso passado vieram à tona, servindo como reflexões dolorosas sobre o que poderia ter sido diferente.

Um desses momentos foi o pedido de um carro. Lembro-me claramente daquela conversa, da expressão de esperança em seus olhos e do tom suave em sua voz. Por razões que agora parecem tão triviais, não dei a atenção devida a esse pedido. Se pudesse voltar no tempo, teria parado tudo para ouvi-lo, para compreender suas necessidades e desejos, para lhe dar o que ele queria, não apenas como um presente material, mas como um gesto de apreço e reconhecimento por tudo o que ele fez por mim.

Outra lembrança que frequentemente ressurge é das vezes em que ele me pedia para contar notas. Talvez para ele, fosse um simples exercício de concentração, um momento de conexão entre pai e filha, ou talvez um ensinamento sobre o valor do dinheiro e do trabalho duro. Em minha impetuosidade juvenil, muitas vezes falhei nesse simples ato. Como desejaria ter valorizado mais esses momentos, ter mostrado mais paciência e dedicação, ter aproveitado cada segundo ao seu lado.

Sempre que tenho nas mãos um pedaço de carne, as memórias de meu pai se intensificam. Ele, que sabia muito sobre churrasco, me ensinou tudo sobre a arte de preparar a carne. Toda vez que cozinho, sinto como se estivesse continuando seu legado, honrando sua paixão e dedicação ao ofício. Cada fibra, cada corte, me traz à mente a sua imagem, seu olhar atento e suas mãos habilidosas, cortando cada peça com maestria.

O lamento profundo pelo ocorrido é um peso que carrego todos os dias. A saudade, misturada com os "e se..." e os "eu deveria ter...", tornam o luto uma jornada árdua. No entanto, em meio a esse mar de tristeza, tento encontrar consolo nas boas lembranças, nos ensinamentos e nos momentos de amor e cumplicidade que compartilhamos. E enquanto a dor da perda ainda não desaparece, quero transformá-la em gratidão pela oportunidade de chamar esse incrível homem de "pai". E espero que, ele saiba, de alguma maneira, que ele é amado, mesmo tendo cometido muitos erros em sua vida, como todos nós.

A complexidade das relações humanas, muitas vezes, resume-se na capacidade de separar as ações e os sentimentos, de entender que, os erros de alguém em uma área da vida, não definem necessariamente seu caráter ou seus sentimentos em outra. À medida que amadureci, comecei a compreender melhor as sutilezas do amor e dos relacionamentos.

As falhas do meu pai em relação à minha mãe, por mais dolorosas que tenham sido para todos nós, não eram indicativas do amor que ele sentia por mim. Demorei a perceber que as pessoas, em sua essência, são multifacetadas e que, a forma como agem em determinadas circunstâncias, não necessariamente reflete como se sentem em relação a outras áreas da vida. Com o tempo, aprendi a desvencilhar as ações de meu pai em seu relacionamento conjugal, da relação que ele tinha comigo.

Amadurecer envolve também aprender a perdoar e compreender, não apenas os outros, mas a nós mesmos. As memórias de meu pai, com todas as suas imperfeições e falhas, são também repletas de momentos de amor, carinho e dedicação. E, embora nem sempre tenha sido fácil aceitar suas falhas, opto por lembrar e sentir-me grata pelos momentos em que ele demonstrou seu amor incondicional por mim.

respire e ative a consciência

☐ **reflita:**
Abrace cada momento com a intensidade de um último adeus; a fragilidade da vida nos lembra que nosso tempo é apenas um sussurro passageiro.

☐ **responda:**
Se cada instante fosse realmente o seu último, você estaria vivendo plenamente ou apenas deixando a vida escorregar entre seus dedos?

_____
_____
_____
_____
_____
_____
_____

☐ **reaja:**
Identifique momentos diários para estar presente e agradecer, cultivando a gratidão pela vida.

você está sendo mole

Nos primeiros momentos da minha existência, as fronteiras entre mim e minha mãe pareciam diluir-se em uma fusão completa. Era como se nossas almas estivessem entrelaçadas de maneira tão íntima que distinguir onde eu começava e onde ela terminava era uma tarefa impossível.

Conforme o tempo passava, essa sensação de proximidade anterior somada a distância foi substituída por uma dolorosa ausência. Minha mãe precisava trabalhar fora. Sendo assim, minha infância foi marcada mais pela presença de uma babá do que pela conexão primordial com minha mãe. Essa lacuna deixada pela ausência de minha mãe, por vezes, se transformava em uma carência que me deixava perdida e que eu nem sempre consegui identificar, mas que estava lá, pairando como uma névoa insistente que nunca se dissipava.

Ao longo dos anos, o tempo esculpia suas marcas. A falta de uma relação profunda com minha mãe gerava uma sensação de vazio. Cada aniversário que estávamos distantes, cada conquista não compartilhada, cada segredo não contado, ecoavam como lembranças silenciosas das oportunidades perdidas. Estou prestes a contar esse último segredo à minha mãe. Mas temo fazê-la sofrer.

Então, aos trinta e oito anos de idade, durante um confronto emocional acalorado, aquelas palavras não ditas, as feridas antigas, finalmente romperam a barreira que as continha. Em meio à tormenta daquela discussão, a confissão surgiu, trazendo consigo o peso das décadas de silêncio. As lágrimas misturaram-se com anos de angústia não expressa. Percebi que, de alguma forma, responsabilizei minha mãe, indiretamente, pelo abuso que suportei calada, como se sua ausência tivesse aberto uma porta para essa dor.

Curiosamente, a vida agora me reserva um espelho surpreendente. Por incrível que pareça, vejo-me seguindo comportamentos que lembram os dela. Percebi que estava controlando e julgando meus próprios filhos, repetindo os padrões que tanto me afetaram. Os desentendimentos que tinha com eles, eram muito parecidos com que enfrentei com minha mãe. Estava repetindo comportamentos e atitudes dela que tanto repudiei.

Desde a morte do meu pai, minha relação com minha mãe tinha se tornado mais delicada e distante. Quando brigava com ela, estava, na verdade, brigando comigo mesma. A dor da perda de meu pai afetou profundamente nosso relacionamento. As noites sem dormir tornaram-se frequentes e a exaustão emocional e física começaram a pesar.

Independentemente dos desentendimentos frequentes com minha mãe, no fundo sinto falta dela, da conexão e da cumplicidade que tínhamos, pelo simples fato de sermos mulheres fortes, cada uma à sua maneira. Alimento a esperança de que, com o tempo, possamos encontrar uma maneira de nos reconectar e curar nossas feridas.

respire e ative a consciência

☐ **reflita:**
Às vezes, estamos tão cegos pelas nossas próprias crenças que continuamos, ironicamente, a seguir os padrões que juramos evitar.

☐ **responda:**
O que está diante de você, tão evidente, mas que você tem se recusado a enxergar?

_____
_____
_____
_____
_____
_____
_____

☐ **reaja:**
Faça uma autoanálise e identifique um hábito ou padrão que você está ignorando, mas que precisa de atenção. Estabeleça passos concretos para abordar e modificar esse padrão.

alerta de repetição invisível

Com meu filho mais velho, acreditei que tinha vencido o padrão de afastamento que tinha com minha mãe. Temia ser mais amiga do que mãe e, por isso, perder o respeito e autoridade moral natural de uma mãe. Apesar de conversarmos muito, sinto falta de estarmos juntos, mas, mesmo assim, somos muito próximos. Nem eu, nem ele, perdemos a fé em Deus e a compaixão. Somos mais parecidos.

Minha filha sempre foi muito inteligente e me orgulho tanto! Embora eu nunca tenha me sentido tão brilhante, agora sinto que estou prestes a alcançar meu potencial máximo, livre dos medos e vergonhas. Percebi que, com ela, estava me tornando semelhante ao meu pai. Tinha dificuldade em abraçá-la. Ainda tenho, por vergonha talvez. Preocupo-me com a possibilidade de minha filha sentir a mesma carência que eu sentia, com minha inabilidade de demonstrar afeto. Ou melhor: antiga inabilidade, pois estou trabalhando nisso agora.

Em relação ao meu filho caçula, achei que com ele não cometeria erro algum. Fiquei quatro anos sem trabalhar para cuidar dele, não queria que ficasse com babás. Acreditava: "Agora eu faço direito, já estou mais velha, já tive dois filhos e, para esse eu vou ser uma boa mãe." Mas, com a separação, ele ficou com o pai. Sinto muita falta dele também; meu coração sempre será um refúgio no qual ele poderá contar. "Filho, sempre estarei aqui por você e por seus irmãos."

Minha mãe sempre me pressionava para ser um modelo para os demais irmãos, por ser a mais velha. Ela frequentemente me comparava aos filhos de seus amigos, e, com o tempo, comecei a desafiá-la: "Eu não pedi para nascer." Agora, a ironia é que estou vendo a mesma dinâmica se repetir com meu filho mais velho e a consciência desse padrão me confronta.

A dor que carreguei desde a minha infância gerou um profundo impacto em minha vida adulta e em meus relacionamentos com meus próprios filhos. No fundo do meu coração, há um constante desespero para tentar protegê-los do mundo real, como se pudesse evitar que enfrentassem os desafios da vida. Percebo que projetei neles um desejo de reinício, de um novo começo, que na verdade reflete uma ânsia que tenho para mim mesma.

Inconscientemente, perturbo meus filhos com minhas crenças e expectativas. Isso não acontece porque desejo prejudicá-los, mas sim, porque de alguma forma distorcida, acredito que estou ajudando. A cada tentativa de impor o que acredito ser o melhor caminho, me dou conta de que não tenho todas as respostas. Não existe uma fórmula mágica ou uma receita única que se aplique a todos nós. Somos todos indivíduos únicos, cada um com sua própria jornada, suas dores e seus aprendizados.

Reconheço que todos nós, adultos, carregamos em nosso interior a criança que fomos um dia, ferida e confusa, em busca de amor e aceitação. Às vezes parece que somos crianças cuidando de outras crianças. Enquanto não curarmos nossas próprias feridas, continuaremos a repetir os mesmos padrões, cometendo os mesmos erros, na esperança de que, dessa vez, tudo será diferente.

Acredito sinceramente que, em algum momento, meus filhos perceberão que encontrei minha cura através do amor e do desejo sincero de que cada um deles encontre a felicidade, fruto de suas próprias escolhas. Espero que aprendam com os meus e com os seus próprios erros e busquem o autoconhecimento para encontrar a paz interior. No final das contas, desejo que sintam e reconheçam o meu amor incondicional.

respire e ative a consciência

☐ **reflita:**
Defenda sua essência; não seja moldado por cada vazio ou influência externa.

☐ **responda:**
De que maneira você está repetindo padrões de seus pais e como isso afeta sua identidade?

_____
_____
_____
_____
_____
_____
_____

☐ **reaja:**
Identifique um padrão herdado e elabore estratégias conscientes para transformá-lo, reforçando assim a sua verdadeira essência.

Parte 3

O SABOR DA LIBERDADE

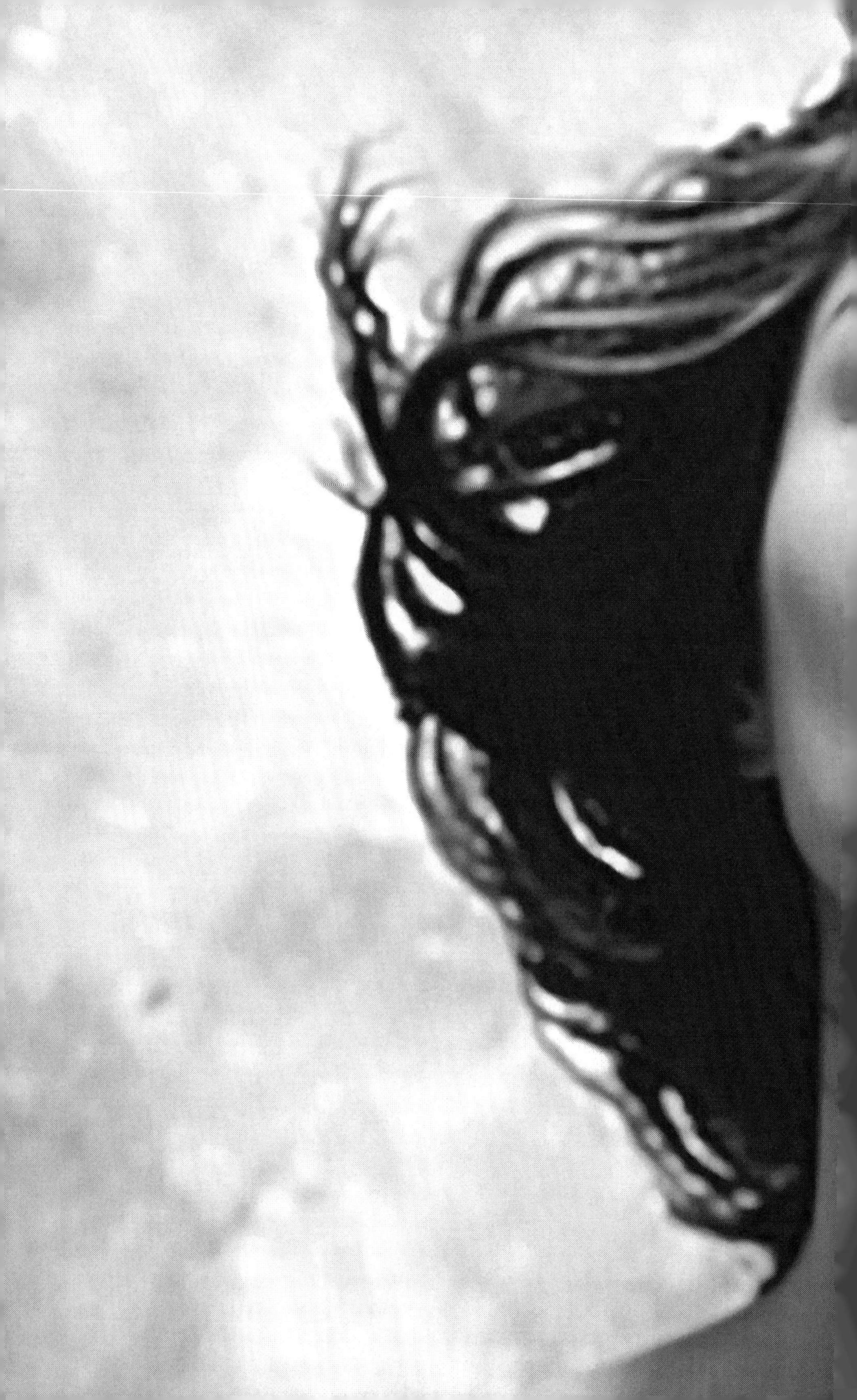

SUPERANDO OS TRAUMAS

em busca de mim

Estava imersa em uma densa pasta de amendoim, moldando-me e adaptando-me para encaixar em cada recipiente que a vida me apresentava. Toda vez que tentava escapar, a consistência pegajosa da pasta me puxava de volta, me fazendo sentir que pertencia a todos e a lugar nenhum ao mesmo tempo.

Cada relação, cada interação, era como ser espalhada em uma fatia de pão diferente, adaptando-me às formas e sabores de cada experiência, perdendo-me cada vez mais no processo. A codependência era essa constante necessidade de ser espalhada e moldada, esquecendo a essência única do amendoim, de onde vim.

Em algum lugar dentro dessa pasta densa e adaptável, sabia que existia um núcleo, a verdadeira essência do amendoim. Esse núcleo era firme, autêntico e não se moldava tão facilmente. Ansiava por encontrá-lo, por sentir sua solidez e reconhecer minha verdadeira natureza.

A cada tentativa de agradar aos outros, sentia o chamado daquele núcleo, lembrando-me de minha verdadeira identidade. A sensação era de estar em uma casca, protegendo o precioso amendoim dentro de mim, esperando pelo momento de romper e revelar minha verdadeira essência.

A jornada era sobre escavar através dessa pasta pegajosa e encontrar o coração do amendoim, onde minha verdadeira identidade residia.

E, ao fazer isso, compreendi que não precisava me moldar para caber em outros recipientes, porque já era inteira e completa por mim mesma.

Estava perdida em um labirinto de reflexos que não eram meus. A cada passo que dava, sentia como se estivesse caminhando sobre uma fina camada de gelo, abaixo da qual estava o abismo da minha verdadeira essência, obscura e inexplorada. Era como se estivesse sempre ao sabor das ondas, sendo levada para onde o mar decidisse, sem nunca ter controle sobre minha própria direção.

Neste ponto, minha identidade parecia um mosaico formado por fragmentos de outras pessoas. A cada relação, eu incorporava um pedaço de alguém, buscando encontrar minha plenitude. No entanto, cada fragmento emprestado só ampliava o vazio interior. Era como tentar preencher um abismo com pequenas gotas de chuva.

O sentimento de insegurança me tornava uma camaleoa, sempre me adaptando ao ambiente e às pessoas ao redor, buscando me encaixar, mesmo que isso significasse a minha própria anulação. Um ciclo vicioso: quanto mais buscava validação externa, mais sentia a ausência da minha verdadeira identidade. Numa busca constante por aprovação, por pertencimento e por ser aceita.

No fundo, desejava compulsivamente encontrar meu verdadeiro eu, mas mal podia ouvir meu coração. A sensação era de estar em um teatro, desempenhando um papel diferente a cada cena, sem nunca realmente saber quem era a protagonista da minha própria história.

Perdida entre os dois mundos, é assim que eu me sinto na maioria das vezes. Passar tanto tempo fora do Brasil me afastou um pouco das minhas raízes, intensificando essa sensação de perda e inadequação. Como resultado, buscava nos relacionamentos amorosos aquilo que me faltava.

Você conhece uma pessoa quando ela não precisa mais de você.

Durante toda a minha vida, desejei que alguém cuidasse de mim, mas sempre acabei cuidando de mim mesma. Ainda tenho dificuldade em permitir que os outros cuidem de mim. No entanto, é importante saber que posso me cuidar sozinha. Agora, meu relacionamento amoroso mais importante é comigo mesma.

    Em uma relação a dois, é importante que ambos assumam seus erros. Cada qual precisa estar no seu melhor, em paz consigo mesmo e reconciliado com o passado, especialmente com os pais, já que inconscientemente, eles muitas vezes carregam a culpa por problemas passados. Assim como um dia eu culpei meus pais por não ser perfeita, meus filhos também podem culpar-me no futuro.

    Ainda não estava pronta para um relacionamento ideal, estava em busca de proteção e colo. Só quando me vi inteira, senti-me realmente pronta.

    Cada cicatriz do meu passado despertou em mim uma profunda empatia por pessoas que carregavam em suas almas, feridas semelhantes. Via nos olhos delas o reflexo do meu próprio sofrimento.

    A conexão quase magnética com essas pessoas levou-me a um propósito: ser um porto seguro para aquelas que estavam em busca de recomeço, pois eu tinha virado "especialista" em recomeços. E ajudá-los, agora que me sinto muito mais próxima da cura, acelera a cada dia minha sensação de plenitude.

    Muitos, assim como eu, tiveram a ilusão de um amor que prometia ser eterno e verdadeiro. No entanto, foram confrontados com uma dura realidade: quando passava o período do namoro, não era, de forma alguma, a pessoa que havia prometido ser. A fantasia do "felizes para sempre" tornava-se um misto de desilusão e medo.

    A cada história que ouvia, minha determinação em ajudar crescia. Eu entendia a dor daquelas pessoas, sentia suas frustrações e o peso das expectativas despedaçadas. Sempre dizia: "Se minha história e minha força puderem inspirar vocês a se reerguerem, então cada obstáculo que enfrentei valeu a pena."

Era mais do que empatia, era um chamado, uma missão. Assim, guiada pelas minhas próprias cicatrizes, busquei encontrar a cura e ansiava por compartilhá-la, com o propósito de ajudar pessoas que precisassem de apoio, orientação e, oferecer, acima de tudo, carinho e atenção para se recuperarem emocionalmente.

Realmente acredito que juntos somos mais fortes e que nossas histórias podem criar uma rede de apoio e esperança. É importante que aqueles que passam por devastações emocionais, após o fim de um relacionamento, entendam que a essência e a identidade não dependem de parcerias. Eles já são completos, embora possam sentir-se fragmentados, assim como me senti.

Comecei a entender que escrevendo para minha mãe e para meu pai, pedaços de mim voltariam ao seu devido lugar. E estaria me redimindo dos segredos, redes de vergonha e medo.

respire e ative a consciência

☐ **reflita:**
Cresci buscando entender meus ciclos através de perguntas, mas raramente ouvi as respostas que meu coração tentava me dar.

☐ **responda:**
Se você pudesse saber de uma verdade clara e inquestionável sobre si mesmo, teria coragem de ouvi-la?

_____
_____
_____
_____
_____
_____
_____

☐ **reaja:**
Escolha uma pergunta significativa e dedique-se a encontrar possíveis respostas, ouvindo seu coração.

cara a carta

Percebi que era hora de compartilhar a minha verdade com minha mãe e, de alguma forma, buscar que ela me conhecesse de verdade. Essa jornada de autoconhecimento e reflexão me levou a escrever esta carta aberta dedicada a ela.

É uma tentativa sincera de expressar meus sentimentos, curar antigas feridas e, quem sabe, dar os primeiros passos em direção a um relacionamento significativo e sem medo de julgamentos por erros cometidos no passado.

> Mamãe,
>
> A grandiosidade do que sinto torna as palavras pequenas demais. E põe em evidência a preocupação de serem muito tardias. As lágrimas mancham o papel, mas são uma mera fração da tempestade que se abate em meu coração.
>
> Lamento profundamente nunca ter compartilhado com você o meu maior segredo e a minha maior dor.
>
> Mamãe, engravidei aos 20 anos. Em consequência disso, passei pela terrível decisão de realizar um aborto. Cada vez que fecho os olhos, sinto as ondas de vergonha e culpa, sentimentos que escolhi carregar sozinha, escondendo-os atrás de um muro de silêncio.
>
> Você não sabia do abuso há alguns anos e ainda não sabe do aborto. Como poderia imaginar a profundidade

do meu sofrimento? Refugiei-me na solidão, indagando-me se, caso soubesse, você teria agido de forma diferente, ou impedindo-me, ou até dando-me o colo que precisei todos esses anos. O fato é que esconder essas feridas de você também diminuiu a possibilidade de cura. Você deve estar pensando: por que contar isso agora? Mãe, me faltam palavras para contar, só o faço para me curar em definitivo desta dor que estou dividindo com você.

Talvez você tivesse palavras de conforto, talvez tivesse me abraçado apertado e me assegurado que, não importando o que acontecesse, você estaria segurando as minhas mãos. Não deixei você cumprir esse papel escondendo-me com uma mente turbulenta que não conseguia ver além do medo e da vergonha.

Peço perdão por não confiar em você, por não permitir que você estivesse ao meu lado nos momentos em que mais precisava. O amor que você sempre me deu merecia a verdade, merecia a oportunidade de ajudar a cicatrizar minhas feridas.

Mamãe, preciso que saiba que minha dor e meu silêncio não foram reflexo de qualquer falha sua, mas de um coração partido tentando juntar seus pedaços sozinho. Só espero que, com o tempo e com a verdade agora revelada, possamos juntas reconstruir a ponte de confiança e intimidade que a minha dor havia destruído. Sinto como se estivesse deitada no seu colo neste momento, protegida de qualquer coisa. Sempre amarei você. Perdoe-me por qualquer exposição da minha vida, da qual você faz parte neste livro.

RESTAURE RELACIONAMENTOS

Vamos curar juntas outras mães e filhas, de segredos que as afastaram.
Com todo o meu amor e arrependimento,
Lane.

A sensação de escrever essa carta é indescritível. É como se as palavras se transformassem em um turbilhão de emoções. Fico aqui imaginando o que ela faria. Ficaria chocada, pasmada em silêncio, choraria, gritaria, não tenho nem ideia da reação. Acredito que, no fundo, ao ler essa carta, suas emoções se converteriam em lágrimas.

respire e ative a consciência

☐ **reflita:**
Mãe, lamento profundamente não ter confiado em você e por ter te afastado nos momentos em que meu coração mais clamava por sua presença.

☐ **responda:**
Como a falta de confiança afetou seu relacionamento com sua mãe e como isso pode ser curado?

_____
_____
_____
_____
_____
_____
_____

☐ **reaja:**
Identifique uma maneira de construir confiança e abrir um canal de comunicação com sua mãe.

acertando as contas

A ausência do meu pai faz meu coração apertar toda vez que penso nele. Ele sempre foi um herói para mim, mesmo sentindo a sua rejeição inconsciente e pela preferência explícita por meus irmãos. Hoje, tenho a certeza de que meu pai se esforçou para dar o melhor de si para nós, à sua maneira.

Como não tive tempo para despedir dele como gostaria, uso esse livro para deixar uma carta aberta de despedida. E assim me perdoo por não ter estado presente em seu velório e acalmo meu coração.

> Querido pai,
>
> Hoje, mesmo não estando entre nós, ainda sinto uma conexão profunda contigo. Lembro-me de todos os momentos que compartilhamos: das risadas, dos ensinamentos e até dos silêncios. Sei que nem sempre fui compreensiva, muitas vezes ouvindo apenas um lado da história e não dando a devida atenção aos seus sentimentos e desejos.
>
> Peço desculpas por não ter estado ao seu lado quando mais precisou, por não ter entendido seus anseios e por não ter sido a filha que você merecia.
>
> A notícia de sua partida repentina foi um golpe duro, especialmente pela forma abrupta e inesperada. A distância não me permitiu dizer adeus e isso é uma dor que carrego no coração. Mas quero que saiba que, apesar de tudo, meu amor por você nunca diminuiu. Eu entendo agora que você fez o melhor que pôde com o

que tinha, e que cada gesto, cada palavra, vinha de um lugar de amor, mesmo que nem sempre demonstrado da forma que esperávamos.

Pai, sinto sua falta todos os dias. E desejo que, onde quer que esteja, saiba que você é e sempre será uma parte essencial de mim. Fique em paz e receba e sinta todo o amor e carinho que tenho por você.

Com todo o meu amor,
Lane.

Hoje, munida de um maior conhecimento e maturidade, reconheço que estava presa a um padrão de escassez e dificuldades financeiras que, em grande parte, herdei do meu pai. Ele compartilhava histórias de ter sido enganado por várias pessoas, principalmente devido à sua ingenuidade e confiança excessiva nelas.

A tomada de consciência desse padrão, ocorreu durante minha busca por compreender onde estava errando em minha vida financeira. Após passar por duas falências, retornei ao ponto de partida. Nunca pensei em desistir; minha luta sempre foi trabalhar incansavelmente, perseguindo meus objetivos e me reconstruindo.

Destruía com escolhas ruins e reconstruía. Era como se precisasse ser leal a meu pai. Se ele passou por isso, precisava passar também. Mas não serei mais leal nesse sentido, a crença era dele, a história era dele.

A minha história será a minha e meu pai, onde estiver, espero que se orgulhe de eu mudar o rumo da minha vida, por mim mesma.

Busquei evitar a repetição dos erros do passado e com meus projetos encontrei respostas enquanto escrevia este livro, pois as páginas escancaravam padrões de escassez em todas as áreas, como se eu não me sentisse merecedora. Também consegui me encontrar emocionalmente, e não mais me sabotarei!

Enquanto escrevo, as próximas gerações não precisarão cometer os mesmos erros que cometemos.

— Pai, com essa exposição que acende minha consciência sobre tudo que vivemos, espero que entenda que estou vencendo por nós!

respire e ative a consciência

☐ **reflita:**
Entenda o que aconteceu e liberte-se, não culpe os seus pais pelos seus problemas.

☐ **responda:**
Quais problemas você acredita terem sido consequência da forma como seus pais o criaram?

_____
_____
_____
_____
_____
_____
_____

☐ **reaja:**
Reserve um momento para refletir sobre as ações e intenções de seus pais, reconhecendo os esforços que fizeram. Depois escreva uma carta de gratidão, mesmo que você nunca a envie.

fui muito dura

Fui muito dura com meus filhos. Sem perceber, reproduzia os padrões de minha própria criação. Meu pai nunca me abraçou e minha mãe trabalhava muito e era muito ausente, então fiquei 'endurecida'.

Como meio de sobrevivência criei um sistema de defesa, como uma tentativa de autoproteção. No entanto, percebo que muitas vezes isso me impediu de dar o meu melhor, criando uma espécie de barreira entre mim e meus filhos. Essas barreiras pareciam intransponíveis, atuando como obstáculos que impediam de expressar meus verdadeiros sentimentos.

O medo de repetir as falhas de meus pais, endureceu-me e, por consequência, acabei cometendo outros erros, talvez piores, exagerando meu comportamento controlador, inseguro, com falta de diálogo aberto.

Essa preocupação constante em evitar os erros do passado acabou afetando minha capacidade de viver plenamente o presente e de oferecer aos meus filhos o amor e a atenção que merecem. Esse entendimento me trouxe clareza de que tenho que superar essas barreiras e me reconectar genuinamente com eles.

Queridos filhos,

Primeiramente, quero que saibam e que nunca duvidem: amo vocês imensamente e, por vocês, daria todo o universo, se pudesse. No entanto, reconheço que nem sempre consegui ser compreensiva e carinhosa com vocês.

CURE SUA CRIANÇA INTERIOR

Houve momentos em que minha tristeza interior, feridas do passado não curadas e imaturidade, cegaram-me. Ao longo do caminho, reconheço que cometi muitos erros.

Peço desculpas por ter exigido de vocês aquilo que um dia exigiram de mim. Cobrar tanto e pressioná-los para serem melhores do que fui, não foi justo. Na tentativa de prepará-los para o mundo, esqueci que o mais importante é que vocês sejam felizes, sigam seus corações e vivam a vida de acordo com suas próprias escolhas.

Quero que saibam que, independentemente de tudo, estou e sempre estarei aqui por vocês. Cada passo, cada escolha, cada sonho que vocês decidirem seguir, estarei ao lado de vocês incondicionalmente.

Obrigada por serem pacientes comigo e por me ensinarem todos os dias sobre o amor incondicional. A jornada da maternidade não vem com um manual, e cometemos erros. Mas espero que, apesar deles, vocês saibam que meu amor por vocês é genuíno.

Sinto que preciso compartilhar algo muito importante, algo que vem do fundo do meu coração. Amo vocês de uma maneira que é difícil de expressar em palavras. Daria minha vida por vocês, porque são minha maior riqueza e minha razão de ser.

Houve momentos em que minhas próprias preocupações e angústias obscureceram minha visão, e não pude enxergar claramente o que vocês precisavam. Peço desculpas sinceras por tê-los pressionado injustamente, projetando em vocês minhas próprias frustrações. Hoje reconheço que não foi a maneira certa de guiá-los pela jornada da vida.

Em minha busca por prepará-los para o mundo,

RESTAURE RELACIONAMENTOS

percebo que às vezes esqueci o mais importante: que vocês são indivíduos únicos com sonhos, desejos e caminhos próprios a seguir. Aprendi que é fundamental respeitar esses desejos e apoiar suas escolhas, mesmo que elas não sigam os planos que tinha em mente. Entendo, agora, que a verdadeira felicidade de vocês vem de seguir seus próprios corações.

Saibam que sempre estarei ao lado de vocês. Não importa quais decisões tomem ou quais caminhos escolham, sempre oferecerei meu apoio, minha torcida e meu amor de mãe.

Perdoem-me por criar vocês estando cheia de feridas, não sabia como me curar, agora eu sei. Qualquer dor, venham a mim que eu estarei aqui para ouvir e não mais julgar.

Com todo o meu amor,
Mãe

Não poderia esquecer dele(a), do meu filho que não chegou a nascer:

Meu Filho(a),

Queria dizer que me arrependo profundamente mas não tive estrutura para prosseguir com a gravidez. Mesmo ausente do meu dia a dia, saiba você foi presente em cada momento da minha vida e sobreviveu na minha memória como meu maior segredo, aquele que eu queria esconder de mim mesma, com saudade de quem você poderia ter sido e eterna dúvida sobre como teria sido. Me perdoe. Ainda tento me perdoar.

Com amor,
Lane, sua Mãe

CURE SUA CRIANÇA INTERIOR

respire e ative a consciência

☐ **reflita:**
Como meio de sobrevivência criei um sistema de defesa, como uma tentativa de autoproteção.

☐ **responda:**
Como você pode utilizar fatos do seu passado para construir um futuro mais saudável e autêntico?

_____
_____
_____
_____
_____
_____
_____

☐ **reaja:**
Estabeleça metas claras para o futuro que estejam alinhadas com sua essência e verdade interior.

antídoto para cura da criança interior

Ao aproximar-me da minha criança interior pela primeira vez, estava ansiosa para dizer-lhe o quanto ela era profundamente amada, oferecer refúgio e certeza de que poderia acalentar seu coração inseguro.

Mesmo nos momentos em que ela se sentisse invisível ou incompreendida, meu amor por ela nunca esmoreceu. A ausência de um abraço paternal não era reflexo de um amor ausente, mas sim da complexidade de um homem que, por si só, fora privado de gestos calorosos. Na visão de meu pai, a distância era sinônimo de respeito e autoridade; ele confundiu proximidade com perda de poder.

Naquele momento, ao invés de contar a ela o que deveria ser ideal, escolhi abrir meu coração e revelar minha verdade. Expondo as camadas de minhas vulnerabilidades. Finalmente aprendi que, sem uma identidade bem definida, somos como telas em branco, suscetíveis às projeções e expectativas de outros.

Sem conhecer nossa própria essência, ficamos à deriva, com nossa identidade obscurecida pela névoa da incerteza. Foi então que decidi embarcar na jornada mais importante da minha vida: redescobrir e abraçar a história da pequena Lane. Que muitas vezes se sentiu rejeitada. Se eu pudesse falar com ela, na hora de seu nascimento, ao seu primeiro respirar eu diria:

— Bem-vinda ao mundo! Você é amada, desejada e querida como filha mulher.

E, ao fazê-lo, impediria diversas camadas de rejeição que ela sentiu na infância. Se ela só pudesse acreditar nesta frase acontecesse o que acontecesse, ela não teria tido tanto medo. Eu não teria tido tanto medo.

Se pudesse enviar uma mensagem para aquela garotinha ainda ingênua de cinco anos que vivia na fazenda, antes do abuso, seria algo assim:

— Lane, você é supercriativa, adora inventar coisas, é bonita, vai crescer e vai ser muito feliz. Vai realizar tudo o que quiser na vida.

Observando depois de escrever, vejo que a mensagem antes do abuso, é cheia de positividade e encorajamento. A voz carinhosa que escrevo reconhece a minha criatividade e sua beleza, enquanto projeto um futuro brilhante para ela. Há uma sensação de confiança e otimismo, ressaltando que ela, minha criança interior, será capaz de alcançar qualquer coisa que deseje na vida. Esta carta transmite apoio e carinho, incentivando-a a acreditar em si mesma e nunca perder sua identidade.

Fazendo o mesmo exercício, de escrever uma carta da Lane de hoje para aquela garotinha momentos depois de ter sofrido o trauma do abuso, seria assim:

Sinto muito que aconteceu com você, e você não teve com quem contar ou confiar. Você sempre quis um irmão mais velho para te defender. Mas você sobreviveu, você é forte. E não se vitimizou."

Nesta carta expresso lamentação, legitimando a dor da minha criança ferida, explicando para ela que meus pais estavam trabalhando para o sustento do lar. Um elogio especial por ter aguentado sozinha e calada. Realmente considero que minha criança foi curada em relação ao abuso. Não me vitimizar e não deixar que aquela tragédia me definisse totalmente ou me paralisasse foi essencial para o processo de superação.

Essas diferenças entre as cartas destacam a transformação emocional e as mudanças na percepção de mim mesma que ocorreram após o abuso. A segunda carta demonstrará uma abordagem mais realista e empática, refletindo a jornada de cura e autocuidado da Lane adulta ao longo dos anos.

Após o trauma, é incrível como nossa percepção de quem somos pode ser afetada de maneira tão profunda. Fazendo uma análise, percebi que a minha própria identidade foi profundamente impactada de maneira significativa por tudo o que passei. Isso me levou a abordar a carta que escrevi para minha criança interior após o abuso de uma maneira um tanto peculiar, especialmente no que diz respeito a não usar meu próprio nome.

Pode parecer estranho, mas na verdade, essa escolha tem uma raiz psicológica bastante profunda. O trauma do abuso distorceu minha percepção de mim mesma, deixando cicatrizes emocionais. Eu me vi lutando para reconhecer plenamente essa criança que fui e a pessoa que me tornei depois do trauma. Essa desconexão entre quem eu era antes e quem me tornei depois é algo que muitos sobreviventes de trauma enfrentam.

Ao não incluir meu nome na carta, percebo agora que estava expressando inconscientemente essa dificuldade em me identificar plenamente com a pessoa que passou pelo abuso. Era quase como se estivesse criando uma barreira emocional, um espaço seguro para explorar minha identidade de forma gradual e protegida. Talvez isso tenha sido uma forma de me proteger da dor associada ao meu próprio nome, permitindo-me explorar minha identidade de uma maneira mais segura.

Essa falta de identificação direta também reflete a ambivalência que muitos de nós experimentam após o trauma. Por um lado, queremos superar a identidade de vítima e recuperar nossa força e autonomia. Por outro lado, sabemos o quanto fomos vulneráveis e feridos. Essa ambivalência pode nos levar a nos distanciar da nossa própria identidade, o que pode ser uma maneira de equilibrar essa luta interna. É como se estivesse criando um espaço emocional onde pudesse explorar minha identidade de maneira mais controlada, enquanto me permito, aos poucos, reconectar com minha criança interior e iniciar um processo de cura.

Visando a unificação da minha identidade em uma única Lane antes e após o trauma, ressignifico com uma carta, para que ela pudesse se preparar para o que havia de vir antes; sem dar-lhe os parabéns por ter ficado calada, mas a encorajo a contar rapidamente para agilizar seu processo de cura fazendo melhores escolhas e menos consequências negativas com o passar do tempo. Mas a divisão de duas Lanes em duas cartas só me fez perceber que precisava unificar a forma de contactá-la.

E por fim, ciente de minha identidade, unifico tudo, pois este é o antídoto para minha cura. E, em uma única carta, falo com as duas antes e depois, onde elas se fundem em uma só.

Pequena Lane,

A vida vai te trazer desafios e obstáculos, mas quero garantir que você será capaz de superá-los, aguente firme pois não há dor que não tenha cura.

Mas, Lane, você não precisa aguentar calada, pode contar e precisa confiar nas pessoas que cuidam de você, seja seu pai, sua mãe, Corina. Seus pais sempre vão se orgulhar por sua coragem e tentar evitar que o que ocorreu, ocorra novamente.

Eles só estavam muito ocupados.

Peça ajuda assim que puder.

Explique o que sente.

Expresse seu horror.

Você é forte e capaz de enfrentar qualquer coisa que surgir em seu caminho. Mantenha a determinação e a fé em si mesma, pois essas qualidades a levarão longe. Não tenha medo de sonhar grande e de correr atrás dos seus objetivos.

Sua vida ainda pode ser brilhante. Você continuará capaz de realizar qualquer coisa que desejar na vida. Lembre-se de que o caminho para o sucesso pode ser árduo, mas cada desafio é uma oportunidade de crescimento.

Quero que saiba que estou incrivelmente orgulhosa da pessoa que você se tornou aos 50 anos. Sua jornada foi cheia de altos e baixos, mas você sempre lutou para manter sua essência e integridade.

Continue acreditando em si mesma e sabendo que seu valor está no interior. Sinto muito pelo que aconteceu, mas você agora está livre deste peso. Não teve culpa alguma pelo abuso. Lamento que sentiu medo de estar sozinha, de se sentir ameaçada pelos vaqueiros e perseguida por olhares maldosos, sem que seus pais ou qualquer outra pessoa responsável percebessem.

Você é uma guerreira, é forte e vence no futuro. Tem o antídoto para todo mal. A partir do momento em que se expôs corajosamente, sendo vulnerável, você vence! Sei que ainda guarda outro segredo de sua mãe, o aborto que sofreu. Mas seja forte ela vai entender mais cedo ou mais tarde, e você também não teve culpa.

Dê o seu perdão à Lane de uma vez por todas, e não se sabote mais!

Você e eu somos definitivamente uma só, curadas e prontas para tudo. Você nunca mais estará sozinha, pois hoje sou adulta, cuidarei de você cada vez que perceber algum sinal de uma dor que ainda possa sentir. Não finja, libere a dor até que ela tenha se dissipado como uma

gota nas águas do oceano,
   Nade livre como uma sereia, sem peso, sem gravidade apenas flutue na vida a partir de agora.
   Com amor,
   Lane

E assim decifro o maior enigma da minha vida – eu mesma.

A partir de hoje usarei a autorresponsabilidade, empatia, não o julgamento e aceitação do outro como meus guias. Não mais buscarei validação em cada olhar, como se cada piscar de olhos pudesse me definir.

Minha infância e adolescência? Um balé de escudos e fugas. Memórias encobriam quem eu realmente era, fazendo de mim uma sombra, uma figura formada apenas pelas expectativas alheias. Quando buscava amor, o que eu realmente queria? Aprovação? Sentir-me parte de algo? Meus relacionamentos tornaram-se um labirinto onde confundia carinho com posse. Cada pessoa com quem me relacionava não era apenas um companheiro, mas um potencial salvador.

No meio desse caos, muitos se aproximaram de mim. Alguns com intenções não tão nobres, outros tão perdidos quanto eu, todos reforçando uma ideia que temia: nunca seria suficiente. Estão todos perdoados. Eu disse: todos que me fizeram mal estão perdoados!

Mas, tudo mudou. Depois de mergulhar no mais profundo desespero, busquei ajuda... Foi mais do que um simples desabafo, foi o grito da minha alma desejando liberdade.

Você deve estar se perguntando: o que desencadeou minha transformação? A resposta estava na percepção de que minha codependência era um escudo frágil contra traumas antigos. A verdadeira força não estava no exterior, mas sim, dentro de mim.

Ao juntar-me a um grupo de apoio, embarquei em uma viagem de autodescoberta. Aprendi a me escutar, a estabelecer meus limites e, o mais importante, a reacender o amor por mim mesma.

Hoje, estou em um processo de desconstrução para reconstrução, removendo cada pedra que coloquei sobre meu passado, chegando ao fundo da minha dor. Somente assim, pude realmente perdoar meus pais por suas ausências e resgatar aquela pequena menina dentro de mim e me perdoar de uma culpa que não era minha.

Com determinação e um genuíno amor-próprio, sigo um caminho luminoso, abandonando as sombras que um dia me definiram.

Reconheço minha vulnerabilidade e que minhas feridas do passado têm guiado muitas das minhas atitudes e decisões. Compreendo que não tive o suporte adequado para reconfortar e digerir tudo o que havia sofrido, fazendo com que meus sentimentos de tristeza e medo continuassem a influenciar minha vida adulta.

Percebi que para alcançar uma verdadeira transformação, é necessário cuidar da criança interior, ouvi-la, compreender suas histórias e reconhecer suas dores.

Escrever para sua própria criança interior é um passo crucial em direção à cura, uma maneira de validar suas emoções e experiências passadas. Isso envolve a coragem de olhar para o próprio interior, enfrentar as feridas que foram deixadas para trás e iniciar um processo de transformação.

CURE SUA CRIANÇA INTERIOR

respire e ative a consciência

☐ **reflita:**
Sem conhecer nossa própria essência, ficamos à deriva, com nossa identidade obscurecida pela incerteza.

☐ **responda:**
Você já fez uma jornada para descobrir sua verdadeira essência? O que você descobriu sobre a criança interior que reside em você?

_____
_____
_____
_____
_____
_____
_____

☐ **reaja:**
Faça um exercício de introspecção. Identifique áreas em sua vida que necessitam de cura. Abrace sua criança interior e comprometa-se a protegê-la e nutri-la.

entre sereias e serpentes

No turbilhão de meus pensamentos e emoções, muitas vezes me sentia como uma sereia perdida em meio a um oceano de dramas e tragédias. Estas ondas, ora calmas, ora tempestuosas, ditavam o ritmo da minha vida. Mergulhada em histórias literárias e na realidade que me cercava, nutria a fantasia de que, como as mocinhas dos romances, um casamento com um príncipe poderia ser a solução para os meus traumas. Esse príncipe, em minha mente, não apenas me ajudaria a andar, mas eliminaria as sombras do passado com a luz brilhante do amor.

À medida que crescia, essas crenças se entrelaçavam com a ideia de que segurança e completude eram conquistadas por meio de bens materiais ou afetos. Acreditava sinceramente que o reconhecimento e o amor dos outros poderiam curar minha alma ferida. Mas a realidade, com suas cores e nuances próprias, logo me mostrou que nem toda a riqueza do mundo, nem os elogios mais calorosos poderiam preencher o vazio que o trauma havia deixado.

De conto em conto, a figura do príncipe salvador permeou minha mente, quase como um mantra. Ansiava pelo herói que consertaria tudo, tornando minha vida repleta de sentido e propósito. Mas aos poucos, essa necessidade de pertencer, de ser amada, revelou uma verdade crua: a única pessoa que poderia me salvar, que poderia reescrever o final da minha história, era eu mesma.

Conforme as relações vinham e iam, percebi um padrão dolorosamente repetitivo: escolhia homens que eram reflexos de minhas próprias inseguranças. Cada relação que terminava parecia solidificar ainda mais minha sensação de indignidade. Era quase como se, a cada decepção, adicionasse mais tijolos a um muro que construía ao meu redor, me isolando cada vez mais do mundo e de mim mesma.

Então, em meio a esse labirinto de emoções, uma iluminação surgiu. Comecei a entender que minha codependência estava enraizada em uma desconexão profunda comigo mesma. A verdadeira revelação? A cura não estava em um príncipe ou em elogios externos, mas em descobrir e abraçar minha própria identidade. Esta foi a chave para desatar os nós que me prendiam, permitindo que eu, finalmente, navegasse livremente nas águas da vida.

A minha paixão pelas águas vem da parte boa da infância. Como eu amava! Sempre que posso, continuo correndo para a praia, para ver o pôr do sol e o deslumbre da natureza, da renovação. Um lugar que sempre trouxe consolo e paz à minha alma era o mar. Sempre que fechava os olhos e me permitia viajar no tempo, voltava à minha infância, onde as águas salgadas do mar banhavam meus pés e acalmavam meu coração. O mar não era apenas uma extensão de água, era o espelho da minha alma, o refúgio onde me encontrava, onde cada onda levava embora meus medos e cada brisa trazia esperança.

Nas águas do mar, eu era livre. Livre das convenções, dos padrões, das expectativas e das máscaras. A sereia dentro de mim se sentia em casa, dançando ao ritmo das ondas, brincando sob o sol e se perdendo no horizonte infinito. Lá, eu não era a menina com traumas, nem a mulher em busca de aprovação. Era simplesmente eu, em minha essência mais pura.

Talvez fosse a magia intrínseca do mar, acolhedor, que o fazia ser tão terapêutico para mim. Ou talvez fosse o simples fato de que, nas profundezas daquelas águas, eu encontrava respostas para perguntas que nem sabia que tinha. O mar era o meu ponto de ancoragem, o lembrete constante de que, não importa quão tempestuosa a vida se torne, sempre haverá um lugar de paz e serenidade à espera.

Mas, com o tempo, a vida me levou para longe do mar. Mudei-me para lugares onde preocupações diárias me faziam submergir. A distância do mar poderia ter sido minha ruína, mas ao invés disso, tornou-se minha redenção. Compreendi que não precisava estar fisicamente perto do mar para sentir sua magia. As memórias, os sentimentos, a conexão que havia estabelecido com aquele lugar, tudo isso residia em mim. E, embora estivesse geograficamente distante, nunca estive mais próxima da sensação de liberdade que o mar me proporcionava.

Hoje, longe do risco de me afogar nas turbulências da vida, carrego o mar em meu coração. E, sempre que posso, vou à praia. Lugar que continua sendo sinônimo de paz e de recarregar as energias. Carrego também a certeza de que a verdadeira liberdade não está em um lugar, mas na maneira como escolhemos viver e amar nossa essência, aonde quer que estejamos.

Essa compreensão se tornou ainda mais clara ao longo de minha jornada: o ingrediente secreto que tanto buscava não era um lugar exótico ou um príncipe encantado das histórias. Era, na verdade, a capacidade de apreciar a mim mesma, de curtir cada parte do meu ser, com todos os seus sabores e dissabores. A vida é uma mistura de altos e baixos, mas a magia está em como escolhemos navegar por ela.

Rir das adversidades, encontrar humor mesmo nas situações mais difíceis - são esses os antídotos para os venenos da vida. Cada gargalhada é um lembrete de que, por mais que os tempos sejam difíceis, sempre haverá uma razão para sorrir.

Descobri que tudo tem jeito, mas esse "jeito" não é encontrado em fórmulas mágicas ou soluções externas. O verdadeiro "jeito" está dentro de nós, esperando ser descoberto, nutrido e celebrado. A vida, com todos os seus desafios, é uma jornada de autodescoberta e autoaceitação. E, à medida que avançamos, percebemos que a verdadeira magia não está em buscar a felicidade fora, mas em reconhecer e abraçar a centelha divina em nosso interior.

Não posso ignorar o doloroso episódio da partida abrupta de meu pai, vitimado por uma picada de cobra. Não houve tempo para despedidas, para abraços finais ou palavras de consolo. Uma vida repleta de significados foi silenciada de forma súbita e inesperada.

Contudo, com o passar dos anos e muitas reflexões, comecei a enxergar aquele trágico acontecimento sob uma luz diferente. Assim como a cobra, que muitas vezes é associada à renovação e transformação em várias culturas, pelo seu ato de trocar de pele, comecei a perceber que a morte de meu pai, por mais dolorosa que fosse, também carregava em si um poder transformador.

Não que isso minimizasse a dor da perda, mas me levou a uma profunda ressignificação. Compreendi que ele nunca realmente se foi. Cada ensinamento, cada risada, cada momento compartilhado permaneceu vivo em mim. Ele se tornou a força invisível que impulsionou minha busca por autoconhecimento, por encontrar significado nas adversidades e por valorizar cada segundo de vida.

Talvez a maior lição que ele me deixou, mesmo sem estar fisicamente presente, foi a capacidade de transformar a dor em força, o luto em amor e a perda em aprendizado. Assim como a serpente que troca sua pele e emerge renovada, eu também estava em um processo de metamorfose, impulsionada pela memória de meu pai.

Essa analogia tornou-se um lembrete constante de que, por mais imprevisíveis e dolorosas que sejam as reviravoltas da vida, elas carregam consigo a promessa de renovação e crescimento.

Em cada canto da vida, somos expostos a desafios que parecem picadas venenosas, invadindo nosso ser e testando nossa resiliência. Para cada picada, há um antídoto. No entanto, a estranha natureza humana, às vezes, nos faz apegar à dor, como se a familiaridade do sofrimento nos desse uma estranha forma de conforto. Tornamo-nos tão habituados à dor que, paradoxalmente, a ideia de cura se torna algo a ser temido.

O processo de recuperação desconhecido pode parecer mais amedrontador do que a familiaridade do veneno que corre em nossas veias.

É importante lembrar que, independentemente da ferocidade da picada, o antídoto sempre existe e está à nossa disposição. A questão é se permitirmos que ele faça seu trabalho, se damos espaço para a cura e a renovação.

No caso de meu pai, ele encontrou seu antídoto não na Terra, mas em uma conexão mais profunda com o Divino. A picada que lhe tirou a vida física também o aproximou de uma dimensão espiritual mais elevada. Seu antídoto foi estar mais perto de Deus, transcendendo as limitações do corpo e entrando em uma eternidade de paz e amor. E, ao fazê-lo, ele também me deixou uma lição poderosa: que devemos sempre buscar nosso antídoto, seja ele na fé, no amor ou no autoconhecimento.

E quando o encontrarmos, abraçá-lo, permitindo que ele nos cure e nos renove. Porque, no final, a vida é feita tanto de picadas quanto de antídotos, e cabe a nós decidir qual delas permitiremos que prevaleça.

CURE SUA CRIANÇA INTERIOR

respire e ative a consciência

☐ **reflita:**
A verdadeira liberdade e cura não estão nas histórias externas, mas na magia de abraçar nossa própria essência e na resiliência para transformar dor em força.

☐ **responda:**
Você teria coragem ou se sente preparado para enfrentar seus traumas e se libertar deles?

_____
_____
_____
_____
_____
_____
_____

☐ **reaja:**
Liste os seus três maiores medos e dedique 10 minutos para refletir sobre por que eles o assustam e o que poderia acontecer se você os enfrentasse.

Escolha um dos medos da sua lista e enfrente-o de alguma forma, mesmo que simbolicamente. Por exemplo, se você tem medo de falar em público, grave sua voz lendo algo em voz alta e ouça.

perdão inesperado

A cada dia, desde a infância até a idade adulta, fui bombardeada com ideais de beleza, comportamento e sucesso que a sociedade estabelecia. Por muitas vezes, me senti perdida, tentando me encaixar em moldes que simplesmente não refletiam quem eu era por dentro. Mas foi justamente neste tumultuado mar de expectativas que encontrei a base para reforçar a minha autoestima.

A autoestima, ao contrário do que muitos acreditam, não é apenas sobre se achar bonita ou competente. É sobre reconhecer o próprio valor, amar-se incondicionalmente e entender que somos merecedoras de respeito, carinho e amor. É sobre ter consciência de que somos seres únicos e que, apesar de nossas falhas e imperfeições, somos incríveis à nossa maneira.

A primeira vez que me olhei no espelho e realmente vi quem eu era, foi um momento mágico. Por detrás de cada marca, cada cicatriz e cada imperfeição, estava a história da minha vida. Cada uma delas me lembrava de onde eu vim, das batalhas que lutei e dos desafios que superei. E foi neste momento que percebi que amar a mim mesma não era uma opção, mas uma necessidade.

Ao longo dos anos, enfrentei muitos obstáculos que testaram minha autoestima. Relacionamentos tóxicos, críticas não construtivas e comparações incessantes tentaram abalar minha confiança. Mas a cada golpe, a cada palavra negativa, eu me fortalecia. Porque entendi que ninguém, absolutamente ninguém, tinha o poder de definir meu valor. Sou a protagonista da minha história e a única que pode determinar o meu valor.

Aprendi que a autoestima não é algo que se ganha da noite para o dia. É um trabalho diário, uma jornada de autoconhecimento e autocompaixão. Todos os dias, faço escolhas conscientes para nutrir e proteger meu amor-próprio. Sejam através de práticas de autocuidado, rodeando-me de pessoas positivas ou simplesmente permitindo-me sentir e expressar minhas emoções sem julgamentos.

Também percebi que minha autoestima não está vinculada a um homem ou a qualquer outra pessoa. É algo intrínseco, que nasce de dentro para fora. Isso é libertador. Saber que sou completa por mim mesma e que não preciso de validação externa para me sentir amada e valorizada é um poder indescritível.

Contudo, isso não significa que não valorizo os relacionamentos em minha vida. Quando me amo e me respeito, posso estabelecer relações mais saudáveis e significativas. Porque reconheço o meu valor e, consequentemente, reconheço o valor dos outros. E assim, em vez de buscar alguém para me completar, busco alguém para compartilhar a plenitude que já existe em mim.

Nesta jornada de autoamor, também descobri a importância de estabelecer limites e dizer 'não' quando necessário. Afinal, amar a si mesma é também proteger-se de situações e de pessoas que podem prejudicar nosso bem-estar emocional.

No final das contas, minha autoestima é o que sustenta minha vida. É a força motriz que me impulsiona a perseguir meus sonhos, a me levantar depois de cada queda e a encarar cada novo dia com otimismo e esperança.

Então, a todos que estão em uma jornada de autoconhecimento, saibam que vocês são dignos de todo amor e respeito que o universo tem a oferecer. Ame-se, valorize-se e nunca permita que ninguém ofusque seu brilho. Porque, no final das contas, a única opinião que realmente importa é a sua, sobre si mesmo e o perdão que cada um

RESTAURE RELACIONAMENTOS

precisa é o perdão de Deus. E esse já temos. E eu escolhi me amar, todos os dias.

A jornada de reflexão pela qual passei, marcada por muita introspecção e autoanálise, revelou uma verdade inegável: a importância de perdoar os três abusadores da minha infância. Esta revelação não veio de um desejo de absolvê-los de seus atos, mas sim de uma profunda necessidade de cura dentro de mim.

Essas figuras, sombras que escureciam minha trajetória, mantiveram-me enredada em uma teia de ressentimento, como se eu quisesse arrancar essas páginas da minha vida, mas arrancando eu não me curaria. A magnitude desse perdão, ao libertá-los de meu íntimo, não tem por objetivo dar-lhes a paz, mas sim encontrar a minha própria. Por muito tempo, carreguei o fardo pesado de suas ações, permitindo que essa carga definisse meus pensamentos, minhas escolhas e até mesmo minha autopercepção.

Compreendi que, ao liberá-los estava abrindo espaço para a luz entrar, para novas memórias serem criadas e para um eu mais forte e resiliente emergir. Ao perdoá-los, não estou esquecendo ou minimizando o que fizeram, mas escolhendo liberar a mim mesma das correntes invisíveis que me prendiam ao passado.

Esta decisão foi, e continua sendo, um ato de amor-próprio. Ao perdoar, recupero pedaços de mim que estavam perdidos, permitindo-me viver com maior plenitude e abertura para o futuro. Nesse futuro, sou eu quem detém o poder sobre minha narrativa e meu destino. E, acima de tudo, sobre a minha paz interior.

Refletindo com profundidade sobre minha trajetória, compreendi que para trilhar o caminho à frente, era imperativo perdoar todos aqueles que me feriram. Desvencilhar-me das pesadas cargas emocionais e psicológicas é o primeiro passo para buscar minha plenitude e alegria.

A escuridão do passado, e as visões daquela bruxa da fazenda, agora se desvanecem no horizonte. Tais memórias são lembranças da ignorância que me envolveu antes e um lembrete da necessidade de salvaguardar proteger a inocência de todas as crianças. Cada pequena alma merece ser acolhida, sentindo-se única e especial. É o alicerce para construir todo o nosso potencial.

Ao perdoar, rompo definitivamente com ciclos de autossabotagem. Com discernimento, percebi como estes ciclos obscureciam minha visão, tornando desafios simples em algo aparentemente intransponível.

Busquei terapias, das mais diversas, que escancararam memórias dolorosas que eu relutava em aceitar. Com a luz da autoconsciência, comecei a discernir padrões em meu comportamento, alguns repetitivos, outros impulsivos. Identifiquei que muitas crenças que carregava, ecos das vozes de pai, mãe, avó e Corina, eram frutos de suas próprias experiências e limitações.

Foi um árduo trabalho libertar-me destes pensamentos enraizados, redefinindo minhas crenças e substituindo-as por visões mais edificantes. No entanto, a jornada valeu cada passo. Hoje, priorizo meu bem-estar, a companhia de amigos verdadeiros, a meditação e a energia liberada ao correr, assim como fazia nos tempos mais difíceis. Reconheci que não posso mudar os outros, apenas a mim mesma e a forma como reajo às adversidades.

Hoje, com o coração aliviado, perdoo meus pais pela falta de cuidado, Corina por sua incapacidade de proteger-me e até mesmo os vaqueiros, que apesar de seus atos condenáveis, estavam afogados em suas próprias ignorâncias. E, com um suspiro profundo, perdoo-me por carregar pesos desnecessários e alimentar crenças que me aprisionavam por tanto tempo. Estou pronta para me reconectar à minha serenidade interior.

Quero compartilhar contigo, caro leitor, uma descoberta sensacional: o poder da autoaceitação. Aceitar-me de forma plena, com minhas falhas, meus tempos de aprendizado, sem julgamentos severos, tem sido minha salvação. Celebrar cada pequeno progresso é um ato de rebeldia contra meu passado sombrio. Esse passado não ditará meu amanhã. Perdoo-me por levar tanto tempo para chegar aqui, mas saúdo com entusiasmo o futuro!

respire e ative a consciência

☐ **reflita:**

Amor-próprio é também proteger-se de situações e de pessoas que podem prejudicar nosso bem-estar emocional.

☐ **responda:**

Existe alguma situação ou pessoa para a qual você ainda não concedeu perdão? Como isso tem impactado seu bem-estar emocional?

_____
_____
_____
_____
_____
_____

☐ **reaja:**

Perdoe alguém hoje de quaisquer ressentimento ou mágoa que você possa estar carregando e pense na possibilidade de conceder perdão, não para o benefício dos outros, mas para a sua própria paz de espírito.

diálogo silencioso

Minha alma sempre foi atraída para lugares que transmitiam alegria, reconexão e celebração. Um desses lugares era um restaurante pitoresco, na parte antiga da cidade. Não era apenas um estabelecimento, mas um portal para uma terra distante que entoava canções de paixão, cultura e tradição.

Assim que cruzei a entrada, o aroma inconfundível de alho fresco, curry, cominho, tomate e manjericão encheu o ar, abraçando-me em uma nuvem de conforto. O chão de ladrilho, desgastado pelo tempo, era o resultado de incontáveis pares de pés que por ali passaram. Nas paredes, fotos em preto e branco de famílias sorridentes lembravam-me da importância da conexão e da herança. Tive a sensação de estar na fazenda, com toda minha família feliz comemorando este momento.

Aconchegando-me em uma mesa próxima à janela, a vista para a rua me permitia observar o balé incessante de pessoas passando, cada uma carregando suas próprias histórias. Enquanto saboreava um vinho tinto encorpado, sentia a riqueza e profundidade de cada gole, refletindo as camadas de minha própria jornada.

Fui sozinha a esse almoço. Aliás, eu e a pequena Lane curada em meu ser. Antigamente almoçar sozinha era um motivo para chorar e querer fazer compras compulsivas, mas tinha chegado a hora onde não precisaria mais da aprovação alheia nem holofotes para me sentir amada. Passei a me amar mais que por fora, por dentro, com cada detalhe. Passei a amar a pequena Lane.

E se tudo que ocorreu comigo fosse para eu chegar até aqui neste momento mais forte do que nunca? Andei por caminhos desconhecidos, mas sinto que cheguei aonde precisava chegar. Senti a presença d'Ele naquele restaurante. Era um diálogo silencioso entre mim, a pequena Lane, que vive em mim, e nosso verdadeiro Pai.

Naquele charme de restaurante, não pude deixar de notar que o cardápio estava repleto de opções que tinham um ingrediente em comum: a pasta de amendoim. Seria o Universo tentando me enviar uma mensagem? Um sinal de que minha busca está chegando ao fim? Ou só uma ironia?

Na mesa ao lado, um casal pediu o "especial da casa", um prato agridoce com molho de pasta de amendoim. Agridoce tem sido uma descrição adequada para minha vida até agora: repleta de momentos maravilhosos, outros nem tanto, mas definitivamente recheada de muitas vitórias!

Estou naquele momento, na jornada de minha vida, que sinto tudo se encaixar, começar a fazer sentido. Em paz com meu passado, minhas escolhas e a pessoa que sou agora. Olho para o garçom e digo:

— Por favor, eu também gostaria de experimentar a especialidade da casa, capriche na pasta de amendoim, me parece apetitoso!

O garçom pisca para mim e confirma a minha escolha.

— É o prato mais pedido da casa!

E você? Já descobriu o ingrediente secreto que dará mais cor, leveza e libertação à sua vida? Esse ingrediente, esse algo mais, quase sempre está presente em nosso íntimo. É só dar atenção às "conversas internas". Ouça essa voz e ela trará maravilhas!

Enquanto isso, a pequena Lane dentro de mim pode se deliciar de um prato de pasta de amendoim com um significado incrível: o sabor da liberdade!

Estamos definitivamente livres!

respire e ative a consciência

☐ **reflita:**
A pequena Lane pode degustar com serenidade, repleta de autenticidade, qualquer prato que carregue o mais sublime dos sabores: a liberdade. Ela e eu estamos em harmonia, e a protegerei de agora em diante.

☐ **responda:**
Qual é o sabor da sua liberdade? Como você tem protegido e cultivado sua autenticidade e liberdade interior?

_____
_____
_____
_____
_____
_____
_____

☐ **reaja:**
Identifique os momentos em que você sente verdadeira livre. Cultive esses momentos e crie um ambiente interno e externo que nutra sua liberdade e verdadeira essência.

Caro leitor,
Seja bom para você mesmo.
Amo você.
Lane

ELA ARAÚJO, filha de Salete e Pedro, trilhou uma jornada acadêmica em Letras sem muito entusiasmo. Porém, isso foi fundamental para o seu futuro.

O segredo da pasta de amendoim a levou do Brasil vibrante aos vastos horizontes dos EUA. Aos 50 anos, ela se reencontrou no poder curativo das palavras, uma revelação de sua alma e acendeu sua verdadeira vocação - ajudar pessoas!

Atualmente, como empresária, estudiosa da criança interior e mãe, ELA dedica-se a explorar a profundidade oculta em cada ação e sonho não concretizado. Com a mente repleta de ideias e um coração cheio de sonhos, se lança ao universo literário

Seu objetivo? Iniciar um movimento de libertação, uma jornada para libertar as pessoas de suas prisões internas, mesmo que isso signifique abraçar um pseudônimo tão intrigante quanto sua própria história: o segredo da pasta de amendoim.

Com ternura, resiliência e fé inabalável, ELA convida todos a uma viagem de autodescoberta e libertação, enquanto guarda um segredo não revelado à sua mãe.

Instagram
@elaaraujooficial

Made in the USA
Columbia, SC
16 January 2024